新时期我国民法研究

张钧涛◎著

中国商务出版社

图书在版编目(CIP)数据

新时期我国民法研究/张钧涛著.--北京:中国商务出版社,2018.4

ISBN 978-7-5103-2368-3

Ⅰ.①新… Ⅱ.①张… Ⅲ.①民法－研究－中国 Ⅳ.①D923.04

中国版本图书馆 CIP 数据核字(2018)第 068778 号

新时期我国民法研究
XINSHIQI WOGUO MINFA YANJIU

张钧涛　著

出　　版	中国商务出版社
地　　址	北京市东城区安定门外大街东后巷 28 号
邮　　编	100710
责任部门	职业教育事业部(010-64218072　295402859@qq.com)
责任编辑	周　青
网　　址	http://www.cctpress.com
邮　　箱	cctp@cctpress.com
照　　排	北京亚吉飞数码科技有限公司
印　　刷	三河市铭浩彩色印装有限公司
开　　本	787 毫米×1092 毫米　1/16
印　　张	16.25　字　数:211 千字
版　　次	2018 年 8 月第 1 版　2024 年 9 月第 2 次印刷
书　　号	ISBN 978-7-5103-2368-3
定　　价	65.00 元

凡所购本版图书有印装质量问题,请与本社总编室联系。(电话:010-64212247)

版权所有　盗版必究(盗版侵权举报可发邮件到本社邮箱:cctp@cctpress.com)

前 言

十九大提出,"不忘初心,牢记使命,高举中国特色社会主义伟大旗帜,决胜全面建成小康社会,夺取新时代中国特色社会主义伟大胜利,为实现中华民族伟大复兴的中国梦不懈奋斗"。这意味着我国继续前进,全面建成小康社会进入决胜阶段、中国特色社会主义进入新时代。在这个过程中,需要积极发展社会主义民主政治,推进全面依法治国,科学立法、严格执法、公正司法、全民守法。

民法规定并调整平等主体的公民间、法人间及公民与法人间的财产关系和人身关系,具有重要的地位和作用。本书以我国《民法通则》《物权法》《合同法》《继承法》等现行民事法律法规为依据,紧密结合最高人民法院的司法解释,借鉴吸收外国的民事立法与司法实践,吸收国内外民法学研究的新成果,对民法进行研究。

本书共八章。第一章绪论,包括民法概述、民法的性质和法律渊源等。第二章民法的基本原则,包括民事权益受法律保护原则、平等原则、自愿原则、公平原则、诚实信用原则、符合法律和公序良俗原则、绿色原则等。第三章民事法律关系主客体研究,包括民事法律关系主体、客体及关系变动等。第四章物权研究,包括物权的概念和类型、物权的变动和保护、所有权、用益物权、担保物权、占有等。第五章债权研究,包括债的概念和类型,债的履行、保全与担保,债的转移与消灭等。第六章合同法研究,包括合同的订立、效力、履行和保全、变更和解除等。第七章继承权研究,包括继承权的概念和特点,法定继承、遗嘱继承、遗赠与遗赠抚养协议,遗产的处理等。第八章侵权责任研究,包括侵权行为与侵权责任、侵权行为的归责、侵权行为的构成要件、侵权责任方式与侵权责任的承担等。

  在撰写过程中,本书参考了众多学者、专家的著作及论文,吸取了许多有益的成果,在此向他们致以最诚挚的谢意。由于作者水平有限,书中难免有不足之处,敬请各位专家、学者以及广大读者批评指正。

作 者

2018 年 1 月

目 录

第一章 绪 论 ………………………………………………… 1
  第一节 民法概述 …………………………………………… 1
  第二节 民法的性质 ………………………………………… 13
  第三节 民法的法律渊源 …………………………………… 23

第二章 民法的基本原则 ……………………………………… 32
  第一节 民事权益受法律保护原则 ………………………… 32
  第二节 平等原则 …………………………………………… 36
  第三节 自愿原则 …………………………………………… 40
  第四节 公平原则 …………………………………………… 41
  第五节 诚实信用原则 ……………………………………… 46
  第六节 符合法律和公序良俗原则 ………………………… 49
  第七节 绿色原则 …………………………………………… 56

第三章 民事法律关系主客体研究 …………………………… 61
  第一节 民事法律关系主体 ………………………………… 61
  第二节 民事法律关系客体 ………………………………… 73
  第三节 民事法律关系变动 ………………………………… 82

第四章 物权研究 ……………………………………………… 92
  第一节 物权的概念和类型 ………………………………… 92
  第二节 物权的变动和保护 ………………………………… 96

第三节　所有权 …………………………………………… 99
　　第四节　用益物权 ………………………………………… 103
　　第五节　担保物权 ………………………………………… 109
　　第六节　占有 ……………………………………………… 117

第五章　债权研究 ………………………………………………… 122
　　第一节　债的概念和类型 ………………………………… 122
　　第二节　债的履行、保全与担保 ………………………… 129
　　第三节　债的转移与消灭 ………………………………… 144

第六章　合同法研究 ……………………………………………… 158
　　第一节　合同的订立 ……………………………………… 158
　　第二节　合同的效力 ……………………………………… 171
　　第三节　合同的履行和保全 ……………………………… 177
　　第四节　合同的变更和解除 ……………………………… 182

第七章　继承权研究 ……………………………………………… 188
　　第一节　继承权的概念和特点 …………………………… 188
　　第二节　法定继承 ………………………………………… 195
　　第三节　遗嘱继承、遗赠与遗赠抚养协议 ……………… 204
　　第四节　遗产的处理 ……………………………………… 212

第八章　侵权责任研究 …………………………………………… 219
　　第一节　侵权行为与侵权责任 …………………………… 219
　　第二节　侵权行为的归责 ………………………………… 223
　　第三节　侵权行为的构成要件 …………………………… 227
　　第四节　侵权责任方式与侵权责任的承担 ……………… 240

参考文献 …………………………………………………………… 249

第一章 绪 论

民法是规定并调整平等主体的公民间、法人间及公民与法人间的财产关系和人身关系的法律规范的总称。不同国家会根据自身的实际情况制定相应的民法规则。

第一节 民法概述

民法是一个国家法律体系中的重要组成部分,充分理解并掌握民法的基本概念具有重要意义。本节就民法的概念和民法发展等进行分析。

一、民法的概念

(一)民法的语源

"民法"的语源是罗马法中的"ius civile"一词,在罗马法中意为市民法,这是世界各国现代民法的语源。

罗马法分为市民法(ius civile)与万民法(ius gentium)。市民法是针对罗马市民制定的法律,万民法是针对罗马市民以外的人制定的法律。公元3世纪后,罗马赋予境内所有住民市民权,就此不再有市民法与万民法之间的对立关系。于是,"ius civile"一词从中世纪以来代表罗马法,之后该词用于表示私法。在法语中民法为"droit civil",在英语中为"civil law",在德语中表示为

"buergerliches Recht",荷兰语中表示为"Burgerlyk Regt"。庆应四年,日本学者津田真道将荷兰语中的"Burgerlyk Regt"翻译为日语的"民法"。中国民法学者梅仲协在《民法要义》中指出:"民法一语,典籍无所本,清季变法,抄自东瀛,东瀛则复从拿破仑法典之 droit civil,译为今称。"[①]

中国历史上的中华法系并没有划分法律领域,所有社会关系由同一法律调整。也就是所谓诸法合一,并无民刑之分。中国历代统治者虽然十分重视法典编纂,但通常都是编纂刑法。在中国历史法典中,很少有涉及民事关系者的规定,即使有规定也多是采用刑罚制裁,所以本质上仍然属于刑法规范。而一般民事关系,主要由习惯法调整。因为在我国曾经漫长的帝制社会中,统治者始终推行的是"重农抑商"的经济政策,因此在社会中占主导地位的为自然经济。只有在小范围内才会出现商品生产和商品交换活动,市场经济处于极为不发达的时期。从政治角度上来说,专制制度下的社会成员无法产生个人自由、平等、权利、义务等观念。可以看出,在这样的环境下,并没有产生和发展民法的条件。直到时间推进至清末,随着法制改革,聘请日本学者起草民法典草案,具有现代意义的民法才诞生于我国。由此可见,我国的民法是继受而来。

(二)形式民法与实质民法

可以将民法划分为形式民法与实质民法。形式民法是指以民法命名的成文法典;实质民法是指成文法典以及一切具有民法性质的法律、法规及判例法、习惯法。

(三)普通民法与特别民法

民法还可以划分为普通民法和特别民法。普通民法是指民法典。民法典是整个私法的普通法。民法典中的规定并不会限

---

① 梅仲协.民法要义[M].北京:中国政法大学出版社,1998,第14页.

制人、地域和事项等,旨在规范一般的民事生活关系,因此民法典是普通法。在采取民商合一主义的国家的各民事单行法,以及在采取民商分立主义的国家的商法典,相对于作为普通法的民法典而言,属于特别法。我国是采用民商合一主义的国家,现行《民法总则》《物权法》《合同法》《侵权责任法》《婚姻法》《继承法》等是民法典的组成部分,这些法律相当于民法典的普通法地位,而《公司法》《票据法》《海商法》《保险法》《专利法》《商标法》《著作权法》等相对于民法典来说属于特别法。在进行案件裁判时,对于普通法与特别法都有相应的规定,应该优先适用特别法。

二、习惯民法与成文民法

按照民法发展过程来说,习惯民法产生后才有成文民法。恩格斯曾在其著作《论住宅问题》中写道:"在社会发展某个很早的阶段,产生了这样一种需要:把每天重复着的生产、分配和交换产品的行为用一个共同规则概括起来,设法使个人服从生产和交换的一般条件。这个规则首先表现为习惯,后来便成了法律。"[1]从恩格斯的描述中可以了解民法产生和发展的过程,也就是先产生习惯,之后再由习惯逐渐发展形成法律。

就目前的记录来看,并无从知晓习惯民法的历史。目前我们可以在一些文明发展较迟的民族和地区发现习惯民法的踪迹。据现在的调查研究显示,成文民法的历史至少追溯到4000多年前。1901年12月,一支法国探险队在伊朗古城苏萨发现了一本古法典——《汉谟拉比法典》,该法典是公元前18世纪古巴比伦王国第六代国王汉谟拉比颁布的法律,该法典是现在世界上保存最完整、实践最早的法典。该法典总共有282条正文,其中有237条规定都为民法条文,占法典全部条文的84%。

---

[1] 马克思恩格斯选集(第2卷)[C].北京:人民出版社,1995,第538—539页.

三、罗马民法

罗马法是对之后民法发展最具影响力的一部古代法典。罗马法拥有2700多年的历史,该法典最初只是针对一个小型农村公社制定的习惯法,而之后逐渐发展为一个拥有广阔领土和多种民族的商业社会的较为完备的法律。公元前450年,罗马共和国元老院在广大人民呼吁下在罗马设立立法委员会,委员会对当时的习惯法规则进行合理有序的收集整理,并将整理后的法则制定成法律条文,向公众公布,这就是罗马最早的成文法——《十二表法》。《十二表法》中大部分法律条文是用于规定民事关系的,具体为第三表至第八表。随着罗马帝国不断扩展其疆域,最初比较简单的社会经济关系逐渐复杂,随之变得繁复的还有调整民事关系的各种法律规范。日积月累,法律变得非常庞杂繁复。在这样的背景下,法律编纂成为社会关注的重要问题。

527年,东罗马帝国皇帝优士丁尼继位,于继位第二年设立法典编纂委员会,由该委员会组织实施法典的编纂工作。首先,对现存的法律进行重新整理和修订,对法律中不符合当时社会实际和相互矛盾的内容剔除,就此编成《优帝法典》;其次,摘录并整理罗马法学者的理论著作,由此编纂了《学说汇纂》;再次,参考通行的教材编写法律教材,即《优帝法学阶梯》;最后,将罗马帝国新颁布的法令汇集成册,编成《优帝新律》。法典编纂委员会编纂的这些法律及相关文件均具有同样的法律效力,它们共同构成了完整的罗马法典,人们称之为"民法大全"。

可以看出,罗马法本身的形成和发展就是一个漫长的过程。罗马法拥有十分庞杂的法律内容,按照现代法学观点分析,可以看出罗马法中包含了不同性质的法律规范,甚至是实体法与程序法的结合,它并没有像现代法那样进行部门划分。罗马法中最主要并对后世立法产生深远影响的,是规定民事关系方面的规范即民法。罗马法反映商品生产的要求,对商品生产和商品交换中一切主要的法律关系做出了明确规定,其中包括买方与卖方的关系、债权人与债务人的关系,以及商品生产和交换中涉及的所有权、契约和侵权行为等。罗马法中对现代民法的主要法律概念、原则和制度都有相应的规定。

四、近代民法与现代民法

(一)近代民法的制定

近代各国都是在各自特殊的政治社会背景下制定自身的民法的。1804年,法国制定了《法国民法典》,旨在重建法国大革命推翻旧政权后的法律秩序,通过法典贯彻法国自由、平等、博爱的理想。奥地利制定《奥地利民法典》的目的是推行女皇玛丽娅·特雷莎的政治及行政改革。1896年,德国颁布《德国民法典》,为了更好地实践其一个民族、一个国家、一个法律的目标。1898年,日本推行《日本民法典》是为了更好地推行维新变法及废除领事裁判权。

我国制定民法典是为了废除领事裁判权。1843年,我国签订了《中英五口通商附粘善后条款》和《中英五口通商章程》,这是首次赋予外国人在华享有领事裁判的权利。此后,法、美、挪、俄、德、荷等17国均通过签订不平等条约的形式获得了在华领事裁判权。而赋予他国本国的领事裁判权,会严重损害本国的国家主权。因此,为了保护自身的国家主权,中国政府自清末以来一直致力于废除领事裁判权。1902年,清朝政府与英、美、日、葡续订商约,四国均向中国承诺,将"中国法律制度皆臻完善"作为条件放弃在华领事裁判权。1927年,南京国民政府与比利时、丹麦、西班牙、意大利续订商约,四国以"1930年1月1日前颁布民商法典"为条件放弃在华领事裁判权。由此可以看出,中国继受西方法制、制定民法典的直接原因,就是废除其他国家的在华领事裁判权。

(二)近代民法的模式

1. 具有抽象人格

这是指,近代民法对一切人,不分国籍、年龄、性别和职业,均具有平等的权利能力。当时,劳动者、消费者和企业等均是资本主义体制下的市场交换主体,在民法典中统一将这些具体主体类型抽象的以"人"作为代表,也就是均具有"人"这一法人格。法人的权利能力被认为与自然人相同,仅法人格的取得,因公益法人、营利法人而有不同。

2. 私的所有

私的所有制是资本主义社会的根基,是近代法取得的成果。民法典规定的以所有权为中心的物权制度,使私的所有制法律制度化。物权被看作一种绝对权和对世权,具有可以对抗一切人的绝对性。

3. 私法自治

私法上的法律关系都是按照私人的意识而构建的。近代私法的两项根本原则为私法自治和人格自由平等。其中,私法自治可以为市场自由竞争提供有效的法律支持。契约自由、遗嘱自由、团体设立自由等是私法自治原则的下位原则,其中最重要的一项下位原则是契约自由。

4. 自己责任

私法自治是自由平等的法人格者的意思自治。因此,行为人只有在故意、过失的情况下对他人造成损害或不利益情形的,才会承担相应的民事责任。这就是自己责任原则。

(三)现代民法模式

1. 具体的人格

在法律中一切人都按照抽象的法人格看待,这就造成在一些法律关系中,经济上的强者会在一定程度上支配经济上的弱者,这种现象会对民法的基础造成冲击。这种现象会导致从抽象的法人格中,分化出若干具体的法人格。例如,在劳动法中形成了具体的劳动者的人格,其中,雇用契约的主体是法律关系中服从团体法理的劳动法主体。又如反垄断法,为了防止大企业垄断对其他企业及市场造成损害,它着眼于企业的规模、业种的独立的法域。此外,消费者保护法中的消费者、环境保护法中的环境问题受害者,是独特的法人格类型。

2. 所有制的社会性

私的所有制不仅是近代法的根基,同时也是现代法的根基。但是一些特定法律,如对土地所有权的法律规定以及对某些生活物资的统制等,会使所有权具有一定社会性,也就是所有权附有义务。

3. 受规制的竞争

私法自治原则是民法的近代模式中变化最大的原则,尤其是其中的契约自由原则。自由竞争可以有效地激活社会活力,促进市场的活跃,但同时也为社会带来了一定问题。而"私法的公法化"就是对市场交易进行公法规制,以此有效防止和纠正自由竞争为市场带来的弊害,这造成了契约制度衰退的印象。私法自治在现代民法模式中受到一定约束和限制,与之前的状况有所不同。

4. 社会责任

在现代社会,公害事件、交通事故、缺陷产品致损事件等的发生对社会造成了极大的伤害,这就动摇了人们支持个人的自己责任的社会和经济伦理。与之相应的是,对于原有的个人过失责任,产生了以举证责任转换所加重的过失责任(过失推定)、无过失责任或严格责任,除此以外,还将具有社会保障性质的受害补偿制度导入其中。

需要注意的是,民法的现代模式与民法的近代模式存在共生关系,而不是完全取代的关系。判例和特别法有效地连接了民法的近代模式和现代模式,此外,很多一般条款也发挥着极为重要的作用。

五、民法的构造

(一)法律关系模型

民法中的社会关系如下所示。

甲、乙二人分别拥有各自的财产 A、B。甲、乙通过相互协商,就交换彼此的财产达成一致意见。此时有一人丙,对甲或乙(及其财产)造成了一定侵害。对于这种情形,在甲、乙、丙之间形成了需要由民法予以规范的三种不同的关系:

第一,甲与乙之间存在的约束关系;

第二,甲、乙与各自财产之间存在的关系;

第三,甲、乙与加害者丙之间存在的关系。

第一种关系,在民法关系中称作契约关系。第二种关系,在民法关系中称作财产所有关系。第三种关系,在民法中按照对所受侵害的救济方法不同可以划分为两种不同的情形。一种情形为财物被侵占的情形,这种情形丙作为加害人需要返还被害人财物;另一种情形为被侵害的财物被毁坏不能返还,或对被害人造成人身伤害的情形,这种情形下加害人丙需要以金钱赔偿损害。以上关系为民法所规范的基本关系。

（二）权利、义务

民法用权利与义务的概念表现以上三种基本关系。也就是说，民法用权利与义务的法律概念规定了社会中的各种社会关系和社会现象。

第一种关系，即契约关系，因为甲、乙协商一致达成契约，因此甲对乙具有一定的权利；相应地，乙对甲也具有一定义务。在民法中，对契约关系发生的具体权利与义务，按照契约履行义务采取的保护手段等进行了具体规定，由这些规定构成的便是契约法。

第二种关系，即财产所有关系，甲、乙对各自持有的财产的关系就是他们对物的权利，在民法中称作所有权。民法对所有权的内容做出了详细具体的规定，当所有人的所有权受到侵害时，所有人可以采取规定的救济方法要求加害人向其返还财物，这种行为在所有权的效力范围内。对所有权进行规定的条款构成了所有权法。

第三种关系，即侵害关系，在基于所有权的救济之外，给予受害人请求金钱赔偿的权利。这些相关规则构成了侵权行为法。

（三）以契约和所有权为基轴的体系化

基于以上三种典型的法律关系，构成了契约法、所有权法和侵权行为法。虽然英、美、法国家并没有民法典，但是这些国家的普通法就是大体上按照这种模式对判例法进行整理，从而形成契约法、财产法和侵权行为法的，除此以外还有针对家庭制定的家庭法。《法国民法典》的原有结构也与此种模式大致相当，即第一编人，是关于法律关系主体的规定，家庭法也包含在内；第二编财产，即关于对物权的规定；第三编财产取得方法，系以契约法为中心，侵权行为法也包含在内。

（四）以物权和债权为基轴的体系化

《德国民法典》与《法国民法典》具有较大差别，它的构成实现了更为彻底的权利与义务的体系化。《日本民法典》和中华民国时期制定的民法典都是在参考《德国民法典》的基础上制定的。

由于存在契约关系而产生的权利,实际意义是要求契约相对人可以按照契约中的规定约束自身行为;抽象来说,就是指要求特定的相对人为某种行为的权利。例如,甲要求乙为交付财物 B 的行为。这种行为产生的权利被称作债权,与之对应的相对人的义务即所谓的债务。因此,达成契约是发生债权的基本原因。按照这种思维模式进行分析,在上面描述的第三种关系中,要求加害人对其造成的损害进行赔偿的权利,实际上就是要求作为加害人的特定的相对人为支付赔偿金的行为的债权。也就是说,侵权行为与契约一样,均属于发生债权的基本原因。

前面描述的第二种关系的权利,即人对物的权利。为了更明显地区分其与债权,将其称作物权。

由此可以看出,在民法中作为法律关系模式的三种法律关系,所发生的权利可以被归结为两类。第一类为债权,包括契约和侵权行为;第二类为物权,即所有权。

(五)债权法的体系

法律关系模式下可以发生的事态很多,仅靠债权和物权的划分并不能将其完全包含在内。

首先,看债权,在现实社会关系中,存在既不是契约,也没有构成侵权行为的情形,而可能发生要求特定的相对人为某种行为的权利。例如,一名出租车司机在行驶途中发现一路人倒在路边,他主动将这名路人送到医院进行诊疗,在这种情形下,出租车司机有权向这名路人要求支付运费和医药费。在民法上,将这类情形称作无因管理,也被纳入债权发生的原因。

其次,虽然已经达成契约,却因某种情事导致契约无效,但契约一方并不知晓契约已经无效,向另一方交付了标的物,得知无效后要求对方返还。在这种情形下,契约已经无效,因此该返还请求并不能以契约所生债权为根据。对于这类情形,应当发生请求返还的特别债权。在民法中,这种情形被称作不当得利,是债权发生的原因之一。

可以看出,债权的发生原因包括契约、侵权行为、无因管理和不当得利。对其进行规定的法律在民法上称作债权法。债权法的体系如图1-1所示。

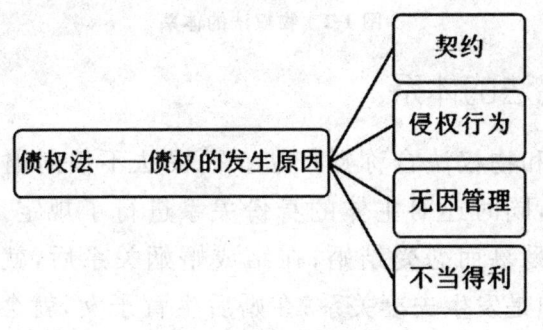

图 1-1 债权法的体系

(六)物权法的体系

所有权是唯一用以直接支配特定物的权利。所有权是指对物的完全的支配权。例如,土地所有人可以将其所有权内容的一部分让与他人,如用益权,也就是被让与人行使土地的使用价值。这种由所有权权能的一部分构成的权利称作用益物权,具体包括建设用地使用权、土地承包经营权和地役权等。除了用益物权外,所有权中还包括支配物的交换价值的权能。土地所有人将土地供作债权的担保,也就是指授予他人行使土地交换价值的权利,由被授予人行使相应的交换价值。这种支配他人财产的交换价值的权利在民法中被称作担保物权,具体包括抵押权、质权等。用益物权和担保物权都是限定于所有权权能的一部分的权利,因此被称为限制物权。

从以上分析可以看出,除了所有权外,民法还承认其他几种物权,即限制物权和作为事实支配状态的占有,而这些内容构成了物权法,如图1-2所示。

图 1-2 物权法的体系

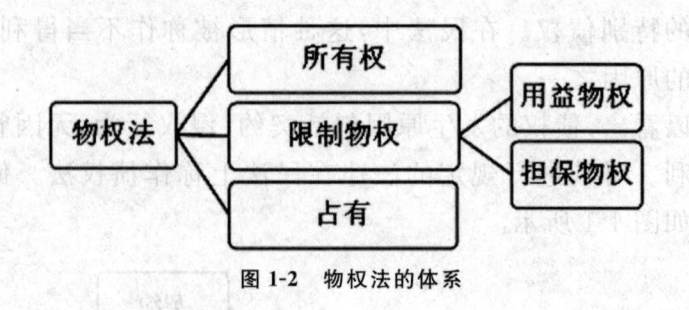

(七)民法的体系

债权法和物权法合称财产法。而民法不仅对财产关系做出了具体规定,同时还对主体的身份关系进行了规定。例如,两个人因为相互爱慕而恋爱结婚;在结成婚姻关系后,就会诞生家庭的概念,也即是发生夫妻关系;在婚后生育子女,就会发生父母子女关系;随着子女成长并生儿育女,则会产生更多亲属关系。而对因家庭而发生的各种身份关系及财产关系进行规定,构成了民法中的亲属法。此外,对于某个家庭成员死亡而造成财产移转的情形,对其进行规定构成了继承法。继承法是以身份关系为基础的财产法。亲属法和继承法合称身份法。纵观民法体系,可以看出,它是由财产法与身份法构成的,即由债权法、物权法、亲属法和继承法构成的,如图 1-3 所示。

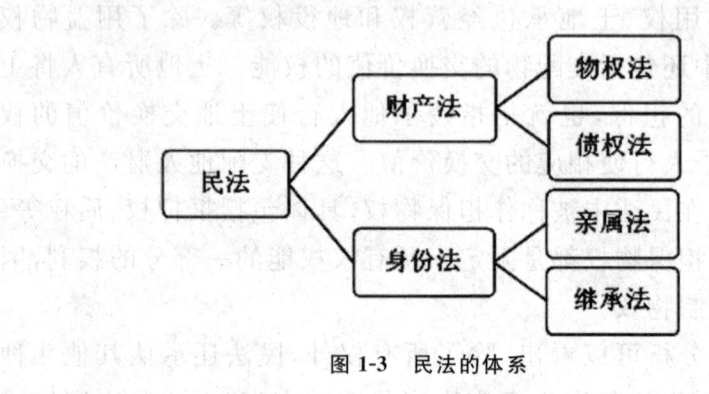

图 1-3 民法的体系

第二节 民法的性质

在我国,不仅有各种各样的狭义法律,还有很多广义的法律。从罗马法时代开始,科学有序地整理杂乱无章的法律就是一项重要工作,直至今天也是如此。因为,从罗马法时代开始一直到今天,法学家尤其是民法学家基于各种各样的理由,尤其是基于教义学的需要和法学方法论的需要,按照一定标准,尤其是法律所规范和调整的对象的不同,对各种法律进行分类整理,由此便形成了不同的法律部门。

一、私法、公法和混合法的界定

传统上,人们在讨论法律部门划分时,通常会将法律大致上划分为私法和公法两个部门,民法属于私法范畴,而这就是法律部门的二分法理论。随着时代进步和社会发展,二分法理论已经不能满足当前社会的实际需要,因为一些法律部门无法单纯地按照私法和公法的界定进行划分。一般情况下,将传统民法中的私法称为单纯的私法,将传统民法中的公法称为单纯的公法,而将同时具有私法因素和公法因素的法律称为混合法。

单纯的私法也可以称为私法,是指仅规范和调整私人利益、关系和权利的各种法律;单纯的公法也可以称作公法,是指仅规范和调整公共利益、关系和权利的各种法律;混合法,是指规范和调整私人及公共利益、关系和权利的各种法律。

二、法律部门三分法理论

民法学说普遍认为,古罗马时期就诞生了私法与公法的二分法理论,因为乌尔比安在《学说汇纂》中已经对私法与公法的区分理论进行了解释,他指出:"此种探讨的目的有二:其一,公法;其二,私法。……所谓公法,是指与公共机构的组织和活动有关的法律。所谓私法,则是指同私人利益有关的法律。"①

但是关于法律的二分理论在古罗马法时期仅处于雏形阶段,还没有形成完整的理论体系。在17世纪之前,法学家几乎已经淡忘了私法与公法的区分理论,并没有民法学者主张这种二分理论。因为中世纪的民法学者并不关注罗马法中的公法内容,仅关注并研究罗马法中的私法内容,也就是强调对民法内容的研究。

在17世纪,《法国民法典》之父Domat开始重视研究私法与公法的区分理论,他不仅对罗马法中的民法开展系统研究,还对公法部分的内容开展研究,从而同时推进民法和公法的系统化、体系化。Domat在《自然秩序当中的民法》中,将公法称作国家法,他指出公法是规范和调整国家政府的组织和运行的法律,具体来讲,就是对政府继承、政府选举、公职机构和公职人员职责等进行科学有效的规范和调整。

从此开始,民法学者开始重视法律部门划分,主张私法与公法的区分理论,不再单纯地研究民法,也开始对公法进行一定探索。当前,法国民法学者普遍承认私法与公法的区分理论。但其中一部分学者指出,这种传统的法律二分理论并不适合当前的社会实际,因为现在有一些法律既不适宜于看作私法,也不适宜于看作公法,其本质是私法与公法的混合产物。我国的民法学者虽然普遍承认私法与公法的区分理论,但是很少有学者承认混合法的存在。

然而就我国法律制定的实际情况来说,私法和公法二分法的理论并不能完全适合,如《产品质量法》《道路交通安全法》《消费者权益保护法》等法律就既不能单纯地看作私法,也不能单纯地看作公法,因为这些法律不仅规范和调整公权力机构与私人之间的关系,它们还会对私人之间的法律关系进行规范和调整。因

---

① 张民安.法国民法[M].北京:清华大学出版社,2015,第13页.

此,我国民法应该不局限于私法与公法的二分理论,应该承认法律部门的三分法理论,从而科学地将我国法律部门划分为单纯的私法、单纯的公法和混合法三类。

三、私法、公法和混合法的区分标准

对于如何明确民法的法律部门划分是一个重要的问题,在不同时期民法学者得出了不同的结论,包括约束强度理论、平等理论和目的理论等。

(一)约束强度理论

按照一些经典民法理论的观点,应该将法律规范的强制性与任意性作为标准对私法与公法进行合理区分,而这就是约束强度理论。按照该理论,虽然私法与公法都是规范和调整法律关系的法律规范,但是二者在强制的程度和强度上存在一定区别。公法不仅具有强制性,而且具有最高的强制程度和最强的强制强度,因为,公法的规定要求行为人必须无条件地遵守,这是无关行为人个人意愿的,一旦违背公法的规定就会遭受严厉制裁。私法与公法的强制程度和强制强度不同,它是建立在意思自治和契约自由原则的基础上的,即使私法对法律规范做出了一定规定,行为人也可以通过行使其法定权利按照明确约定的方式规避这些法律规范,并且行为人采取规避行为并不会受到制裁。也就是说,公法是强制性的法律,而私法则是任意性的法律。

(二)平等理论

按照一些经典民法理论的观点,法律关系的平等性与附属性是对私法与公法进行科学区分的判断标准,这就是平等理论。按照该理论的观点,虽然私法与公法都是规范和调整法律关系的法律规范,但是二者调整和规范的法律关系的当事人在法律上具有不同的法律地位。法律关系的当事人在私法关系中具有平等的

法律地位,任何一方当事人在人身或者财产方面都不享有比对方更多、更高的权利。因此,私法是一种合作法,对于私法当事人来说,正义对其具有互换性意义。公法中的法律关系存在于公权力机关与相对人之间,公权力机关是这种关系的权利主体,相对人是这种关系的义务主体,二者之间的法律地位不平等。因此,公法是一种隶属法,对于当事人来说正义具有分配性意义。

(三)目的理论

此外,还有一些经典民法理论指出,应该将法律的目的作为区分私法与公法的科学,这就是目的理论。根据该理论的观点,虽然私法与公法的制定和实施都是为了实现某种目的,但是,二者的目的并不相同。私法的目的在于最大限度地满足私人利益,并不是为了保证社会的公共利益;公法是为了保证国家集体利益的实现,并不是为个人利益服务的。与私法不同,公法是关于国家和公权力机关的组织和管理的法律。

虽然很多民法学者不认同目的理论,但是不可否认的是这种理论具有一定合理性。因为,私法的目的显然是维护私人利益,是规范并调整民事主体之间的法律关系,保证民事主体可以充分享有其法定民事权利。从我国《民法总则》第 1 条的规定中就可以清晰地看到这一点。那么按照这种理论,如果法律仅仅对私人利益、私人秩序进行规范和调整时,它们就属于单纯的私法;如果法律仅对公共利益、公共秩序进行规范和调整,那么该法律就是单纯的公法;如果同时对私人利益和秩序、公共利益和秩序进行规范和调整,那么该法律就是混合法。

四、私法、公法和混合法包含的内容

(一)私法的内容

根据法律部门的三分法理论,法律的第一个部门是单纯的私法。关于私法包含的内容,民法学者给出了不同的答案。法国民法学者 Philippe Malaurie 和 Patrick Morvan 认为,私法的内容除了民法外,还包括民事诉讼法和国际私法。Francois Terre 认为,私法的内容包括私法、商法、劳动法和农村法。Henri Roland 和 Laurent Boyer 则认为,私法的内容包括民法、商法、农村法、社会法、民事诉讼法、刑法、国际私法和消费者法。

我国民法学者虽然普遍承认私法与公法的二分理论,但是他们并没有明确地指出私法所包含的具体内容有哪些。我们认为,对我国法律来说,私法除了包括民法外,还包括两类内容:一类为商事单行法,如《公司法》《证券法》《海商法》等;另一类则为国际私法。虽然私法包含的内容众多,但民法依旧是私法的核心法律,是私法的基本法、普通法、一般法,商法在私法中仅具有特别法、具体法地位。

(二)公法的内容

根据法律部门的三分法理论,法律的第二个部门是单纯的公法。法国民法学者针对公法包含哪些内容的问题给出了答案,他们认为,虽然公法所包含的范围多种多样,但是,最主要的公法包括宪法、行政法、财政法、税务法和社会保障法。

我国的民法学者虽然明确承认公法的存在,却并没有明确指出公法包含的内容。我们认为,我国的公法应该包括宪法、行政法、财政法、税务法、社会保障法和国际公法,国务院和所属部门颁布的行政法规、行政规章以及地方立法机构颁布的地方法规均在公法范围内。

(三)混合法的内容

根据法律部门的三分法理论,法律的第三个部门是混合法。法国民法学者对于混合法包含的内容持有不同观点。法国民法学者 Jean-Luc Aubert 和 Eric Savaux Aubert 认为,混合法的内容包括刑法、程序法和社会法。按照 Philippe Malaurie 和 Patrick

Morvan 的观点,混合法的内容包括刑法和劳动法。而按照 Christian Larroumet 和 Augustin Aynes 的观点,混合法的主要内容就是刑法。

在我国,民法学者并不承认混合法的存在,也就不可能对混合法的内容做出说明。我们认为,混合法包含的内容十分复杂,主要内容应该包括刑法、诉讼法、道路交通安全法、产品质量法、消费者权益保护法和劳动法。这些法律规定的内容同时涉及个人利益与秩序和公共利益与秩序,因此我们认为这些法律为混合法的内容。

例如,刑法之所以是混合法,是因为刑法既涉及国家与罪犯之间的关系,也涉及犯罪分子与受害人之间的关系,前一种关系属于公法的内容,而后一种关系则涉及私法内容,实际上就是民法的内容。再例如,我国的劳动法当然也属于混合法,因为它既涉及政府监管部门与雇主之间的关系,也涉及雇主与雇员之间的关系,前一种关系属于公法的内容,而后一种关系则属于私法也就是民法的内容。

总之,混合法虽然也涉及私法的内容,但是私法主要是指民法,很少指民法之外的其他私法。因此,在当前的法律体系中,民法不仅包括单纯私法中的民法,还包括混合法中的民法。而这也正是民法的私法性和混合法性。

私法、公法和混合法所包含的内容如表 1-1 所示。

表 1-1 私法、公法和混合法所包含的内容一览表

单纯的私法	单纯的公法	混合法
民法 商事单行法 国际私法	宪法 行政法 税法 公共财务法 社会保障法 国际公法 行政法规 地方法规	刑法 诉讼法 道路交通安全法 产品质量法 消费者权益保护法 劳动法

五、民法和商法的关系

私法的内容除了民法之外,还有商法,民法和商法是相互独立存在的。民法与商法之间存在明显的区别,因此我国在立法上将二者明确区分开来。

(一)民法与商法的差异

1. 具有不同的调整对象

民法和商法都会规范和调整一定的法律关系,但是二者的调整对象存在区别。从原则上说,民法调整的通常是民事主体之间的民事法律关系,如婚姻关系、家庭关系、继承关系等,这种法律关系一般只具有民事性,很少会具有商事性。

商法不同于民法,它调整的一般是商事行为或者商人之间的商事关系,很少涉及民事行为或者民事主体之间的民事法律关系。商法的调整内容是公司之间的法律关系、保险人与被保险人之间的保险关系等。商法调整的法律关系通常具有显著的商事性,而很少具有民事性。

2. 具有不同的基本原则

民法和商法都具有自身的基本原则,但是二者的基本原则存在区别。我国的民法基本原则包括意思自治原则、合同自由原则、公平原则、诚实信用原则、公共秩序与良好道德原则等;商法的基本原则包括从商自由原则、企业维持原则、商事交易的便捷性原则、商事交易的安全性原则等。

3. 具有不同的法律关系主体

第一,民事法律关系主体包括法人组织和自然人,如夫妻、父母子女及其他家庭成员;商事的法律关系主体则仅包括商人。

第二,一些人可以作为民事法律关系的主体,却不能成为商事法律关系的主体,如未成年人。即使是被解除监护的未成年人,也不可以成为商法规定中的商人。①

第三,民事法律关系主体资格的获得常常是自动的,基于出生的事实即可获得,但商事法律关系主体资格通常不能自动获得,甚至需要经过较为严格、复杂的程序,如公司或者其他企业要成为商事主体,一般需要经过注册登记程序。②

(二)具有不同的性质

第一,虽然商法属于私法,但是它同时受到私法和公法的影响,因为商法在一些情形下涉及社会的公共利益。而民法则是比较纯粹的私法,很少会受到公法的影响。

第二,民法具有稳定性,商法则具有频繁的变动性。虽然民法和商法都会根据社会的发展而产生一定变化,但是民法的变动比较稳定,商法则处于频繁的变动当中。因为立法者一旦发现当前的商法并不能满足商业需要时,就会及时迅速地对现行的商法进行一定修改、补充或者废除。

第三,民法与商法的变动方式存在区别。如果立法者发现现行的民法无法满足社会变化带来的新需求,通常会通过司法判例的方式来对立法者所规定的法律规范做出解释,从而赋予现行民法新的含义,以此填补现行民法存在的一定法律漏洞。而商法则不同,如果立法者发现商法的规定不能满足当前的社会需求时,会对现行的商法进行一定修改、补充或者废除,从而填补商法所存在的法律漏洞。

---

① 张民安.商法总则制度研究[M].北京:法律出版社,2007,第10页.
② 张民安.商法总则制度研究[M].北京:法律出版社,2007,第10页.

（三）民法对商法产生的影响

1. 民法是商法产生的基础

民法是商法产生的基础。在近代社会,商法依赖于民法而产生,民法是商法产生的渊源。例如,法国在1807年制定商法典的一个主要原因,是法国1804年民法典中很少有针对商人地位的法律规定,商法典是为了弥补这种法律不足而制定的。

2. 商法的适用一定程度上依赖于民法

如果商法没有对一些具体问题做出规定,那么民法中关于该问题的规定可以适用于商法。例如,如果公司法中没有明确规定股东之间的纠纷时,民法中有关合同强制性或者自愿性解除的一般理论即可适用于公司股东之间,也就是说,如果公司的股东之间因为信任丧失而不能延续合作关系时,通过协商股东之间可以解除协议关系,或者通过向法院起诉的方式用强制手段解除股东间的协议。

3. 民法解释学对商法解释具有一定影响

商法解释学的发达程度远不及民法解释学。而正因为商法解释学不够发达,在对商法条文进行解释时,有时必须借助民法解释学中提出的各种解释方法。

（四）商法对民法产生的影响

商法对民法的影响主要表现为民法的商法化趋势的增强。无论是在采取民商合一编制体例的国家还是在采取民商分立编制体例的国家,商法都在一定程度上对民法产生影响,民法也会在一定程度上借鉴商法的原则和理念,目前,已经有不少商法的制度渗透民法领域,这就导致民法的很多理念、原则和具体制度与商法的相同,而这种现象就是民法的商法化。

1. 民法原则和理念的商法化

民事主体在从事民事活动时开始遵循商人在从事商事活动时所遵循的快捷性、简便性的原则,从而提高民事活动的效率和方便程度。例如,人们在建立人际关系时也越来越追求快捷性和简便性。

2. 民法制度的商法化

在大陆法系国家,传统法律会将公司划分为商事公司和民事公司,认为商事公司适用商法的规定,而民事公司则适用有关特定法的规定。20世纪60年代以来,商事交易开始快速发展,商事公司与民事公司之间的界限逐渐淡化,人们认为不论公司的性质如何,只要采取了商法所规定的公司形式,就应该普遍适用于商法。

3. 商法制度渗透民法领域

随着现代社会的民法商法化推进,很多典型的商法制度已经渗透民法领域,促使商法与民法的制度逐渐趋同。例如,银行账户制度、票据制度和有价证券制度就很好地体现了这一点。

4. 商法制度为民事纠纷提供了解决途径

在现代社会,虽然民法制度越来越精细化并且已经逐渐深入社会生活的各个领域,但民法制度仍然不能圆满地解决所有民事纠纷。为了更好地解决各种民事纠纷,人们开始寻找商法中适应的具体理论应用于民事领域。

例如,在两大法系国家,为了区分婚姻制度和非婚同居制度,司法在解决非婚同居当事人之间的财产纠纷时适用商法上的合伙制度,根据双方当事人的同居协议处理财产的分配问题或适用商事合伙法解决此种问题。

第三节 民法的法律渊源

民法的渊源是指民事法律规范借以表现的形式,它主要表现在各国家机关根据其权限范围所制定的各种规范性文件之中。民法的渊源主要应体现在立法、司法裁判和行为规则方面,具体来说包括裁判规则和行为规则两个方面。

一、宪法

宪法是国家的根本法,由全国人民代表大会制定,具有最高的法律效力。宪法是国家的根本法,必然是民法的渊源,宪法中关于社会主义建设的方针和路线的规定、关于财产所有制和所有权的规定、关于公民基本权利和义务的规定等,都是调整民事关系的重要法律规范。

《民法总则》第1条规定:"为了保护民事主体的合法权益,调整民事关系,维护社会和经济秩序,适应中国特色社会主义发展要求,弘扬社会主义核心价值观,根据宪法,制定本法。"

但是对于在裁判中引用宪法规范一直存在一定争议,总的来说对于这个问题有两种观点。一为肯定说。这种观点的支持者认为,宪法具有最高效力,是制定我国民法的法律依据,宪法中也有很多规定和调整民事关系的法律规范。[1] 二为否定说。这种观点的支持者认为,法律渊源应该可以作为裁判基准的法律规范,然而宪法不能作为裁判基准,因此宪法并不属于民法的渊源。[2] 法学界针对宪法的司法化也产生过一定争议,2009年最高人民法院发布的《关于裁判文书引用法律、法规等规范性文件的规定》

---

[1] 魏振瀛.民法[M].北京:北京大学出版社、高等教育出版社,2010,第14页.
[2] 马俊驹,余延满.民法原论[M].北京:法律出版社,2007,第29页.

(以下简称《引用法律规定》)第 4 条明确规定:"民事裁判文书应当引用法律、法律解释或者司法解释。对于应当适用的行政法规、地方性法规或者自治条例和单行条例,可以直接引用。"可以看出,宪法并未被列入民事裁判文书可以引用的范围内,因此,宪法并不能作为裁判民事案件中的裁判基准。需要注意的是,这并不代表不可以在裁判文书中援引宪法。一方面,宪法可以在裁判中成为理论论证的重要依据;另一方面,在案件的裁判过程中,如果出现适用法律的复数解释情况的,应该以宪法的原则、价值和规则为重要依据判断文本的正确含义,保证法律解释与宪法一致。一般情况下,会采取选择或排除的方法,通过合宪性解释明确法律文本的实际含义。这就是说,选择符合宪法的解释结论作为法律文本的解释结论。这样就可以有效地保证法律文本含义与宪法相一致,而这样就可以实现宪法在民法中的贯彻。

二、民事法律

民事法律是由全国人民代表大会及其常务委员会制定和颁布的民事立法文件,是我国民法的主要表现形式。民事法律的主要组成内容如下所示。

民法总则、民法通则以及合同法、物权法、侵权责任法、涉外民事关系法律适用法、婚姻法、收养法、继承法等民事基本法以及专利法、商标法、著作权法;商事特别法,包括公司法、保险法、海商法、破产法、票据法、证券法等。

由此可以看出,我国已经基本上建立了民事立法的基本规则,但应该通过制定民法典的方式对其进一步完善。上述的民商事法律都是民事法律的重要组成部分,在裁判中可以作为裁判基准,法官可以按照实际情况直接援引这些法律进行案件裁判。

三、国务院发布的行政法规

国务院是最高国家行政机关,根据宪法、法律和全国人民代表大会常务委员会的授权,国务院有权制定、批准和发布法规、决定和命令,其中包括有关民事的各种法规、决定和命令,它们是民法的重要表现形式,法律效力仅次于宪法和民事法律。例如,国务院颁布的《商业特许经营管理条例》《国有土地上房屋征收与补偿条例》等都属于民法的法律渊源。法官在对民事案件进行裁判的过程中,可以直接援引这些行政法规作为裁判标准。

四、行政规章

《中华人民共和国立法法》中明确规定:"行政规章是指国务院各部委以及各省、自治区、直辖市的人民政府和省、自治区的人民政府所在地的市以及设区市的人民政府根据宪法、法律和行政法规等制定和发布的规范性文件。"

一些行政规章中包含有关民事关系的内容,在民事案件的裁判中可以作为有效的法律依据。我国《引用法律规定》第4条并没有将行政规章规定为民事裁判可以直接引用的裁判规范,但是该司法解释第6条中规定,法官可以根据案件审理的实际需要,将审查后认定为合理有效的行政规章作为案件裁判的有效依据。也就是说,法官在对民事案件进行裁判的过程中,并不能直接援引行政规章作为裁判依据,只有经过法院审查认定合理有效的才可以作为依据。当然,在特殊情况下,如果法律对行政规章的适用做出了明确规定,那么相关的行政规章就可以作为民事裁判的依据发生作用。

五、最高人民法院的司法解释

最高人民法院是我国的最高审判机关,依法享有监督地方各级人民法院和各专门人民法院的审判工作的职权。按照我国《宪法》的相关规定,最高人民法院并不具备立法权,但是全国人民代表大会常务委员会《关于加强法律解释工作的决议》第2条规定:

"凡属于法院审判工作中具体应用法律、法令的问题,由最高人民法院进行解释。"从法理的角度进行分析,司法解释并不是构成法律体系的内容,但是在我国的案件裁判中,司法解释已经成为各级审判机关的裁判规则,还会直接被当事人用作援引,在一定情况下法院也会直接援引司法解释作为裁判依据。由此可以看出,从事实上看司法解释已经成为民法的法律渊源。

而需要考虑的是是否可以将最高人民法院发布的指导性案例作为民法的法律渊源。指导性案例,是指由最高人民法院确定并发布的、对全国法院审判、执行工作具有指导作用的案例。2010年11月26日,最高人民法院发布了《关于案例指导工作的规定》,也就从此正式建立了我国的案例指导制度。该制度可以有效地为案件裁判的统一提供保障、有效地规范法官的自由裁量等。《关于案例指导工作的规定》第7条中明确指出,各级人民法院在对案件进行审判时,应该在审理类似案件时合理参照指导性案例。由此可以看出,指导性案例并不属于民法的法律渊源,也不可以在案件裁判的过程中直接援引为裁判依据,但是可以在判决书说理部分加以利用。

六、地方性法规或者自治条例和单行条例

地方性法规是指地方各级人民代表大会、地方各级人民政府在宪法、法律规定的权限内所制定、发布的决议、命令、法规等规范性法律文件。地方性法规具有效力范围的从属性,以及适用范围的地域局限性,但是这些法规是地方国家权力机关按照宪法授权而制定的,因此具有法律效力,在这些地方性法规中,有关民事关系规定和调整的内容属于民法的渊源。

此外,自治条例和单行条例也可以成为民法的渊源。自治条例,是指民族自治地方的人民代表大会按照宪法和相关法律的内容,充分考虑当地的特点而制定的、用于对自治地方事务进行有效管理的综合性法规。单行条例,是指民族自治地方的人民代表

大会及其常务委员会在宪法和法律所规定的自治权范围内,充分考虑本民族地区的具体特点,对某方面的具体问题制定的地方性法规。

《引用法律规定》第 4 条规定:"民事裁判文书应当引用法律、法律解释或者司法解释。对于应当适用的行政法规、地方性法规或者自治条例和单行条例,可以直接引用。"

按照《引用法律规定》中的规定,自治条例和单行条例可以在民事案件裁判中援引为法律依据,可以成为民法的法律渊源。

需要注意的是,虽然行政规章和地方性法规可以成为民法渊源,但是这些行政规章和法规并不可以直接作为判断合同效力的依据。《合同法司法解释一》对其做出了具体规定。

《合同法司法解释一》第 4 条规定:"合同法实施以后,人民法院确认合同无效,应当以全国人大及其常委会制定的法律和国务院制定的行政法规为依据,不得以地方性法规、行政规章为依据。"

七、国际条约和国际惯例

国际条约,是指两个或两个以上的国家就政治、经济、文化、贸易、法律等方面的问题确定其相互权利义务关系的协议。国际条约的名称多种多样,如条约、公约、协定、宣言、声明等。国际惯例可以划分为两种类型,一类为属于法律范畴的国际惯例,这类国际惯例具有一定的法律效力;另一类为属于非法律范畴的国际惯例,这类国际惯例不具有法律效力。我国《国际法院规约》第 38 条中明确规定,国际惯例是指"作为通例之证明而经接受为法律者"。因此,常说的国际惯例是指属于法律范畴的国际惯例。

《民法通则》第 142 条规定:"涉外民事关系的法律适用,依照本章的规定确定。中华人民共和国缔结或者参加的国际条约同中华人民共和国的民事法律有不同规定的,适用国际条约的规定,但中华人民共和国声明保留的条款除外。中华人民共和国法律和中华人民共和国缔结或者参加的国际条约没有规定的,可以适用国际惯例。"

由《民法通则》的规定可以看出,我国签订或加入的国际条约以及国际惯例可以成为我国民法的法律渊源。

当前针对国际条约的效力问题仍然存在一定争议,需要注意的是,对于国际条约优先于国内法而适用的效力,主要是针对涉外民事关系而言的,对于国内发生的各种民事关系在原则上应该是接受国内法的规定和调整,不应该盲目地对国际条约的适用范围进行扩张。根据《民法通则》第142条的规定,国际惯例的适用只限于中国法律和中国缔结或者参加的国际条约没有规定的情况。也就是说,国际条例的效力是明显低于我国国内法律的,因此国际条例只有在不违背我国法律规定的前提下才可以适用。

八、不违背公序良俗的习惯

习惯,是指当事人所知悉或实践的生活和交易习惯;生活习惯,是指人们在社会生活的各种实践中积累形成的习惯;交易习惯,是指交易当事人在当时、当地或者某一行业、某一类交易关系中,所普遍采纳的,且不违反公序良俗的习惯做法。我国的国土面积大,是由不同民族的人民构成的,在一些少数民族地区,生活习惯对民法渊源来说也具有一定的实际意义。我国有法律文件对此进行了规定,如《关于赘婿要求继承岳父母财产问题的批复》和《民法总则》都做出了相关规定。

《关于赘婿要求继承岳父母财产问题的批复》规定:"如当地有习惯,而不违反政策精神者,则可酌情处理。"

《民法总则》第10条规定:"处理民事纠纷,应当依照法律;法律没有规定的,可以适用习惯,但是不得违背公序良俗。"

当然,习惯并不可以直接成为民法渊源,也不能直接成为裁判案件的有效依据,只有经过"合法性"判断,也就是符合法律的强制性规定和公序良俗要求的习惯才可以成为民法渊源。

(一)不得违反法律的强制性规定

习惯作为法律渊源需要与其他法律渊源保持一致性,而且必须保证作为法律渊源的习惯是没有违反法律的强制性规定的。如果习惯违反法律强制性规定,则不可以成为漏洞填补的依据。例如,一些地方的民俗规定,"拜师学艺期间,马踩车压,生病死亡,师傅概不负责"。虽然这是地方民俗习惯,但很显然这并不符合我国现行法中对雇主与雇员之间关系的规定,我国法律规定雇主需要对雇员在执行工作任务中遭受的人身伤害承担相应的赔偿责任,并且这种责任并不能因为当事人的约定或协商而免除,因此这种习惯并不能成为我国的民法渊源。一些地方的民俗习惯规定,妇女丧夫者不可以再婚,而这明显有悖于我国《婚姻法》的相关规定,因此这项民俗习惯同样不能作为我国民法的渊源。

(二)不得违反公序良俗

我国《民法总则》第 10 条明确规定,习惯不可以违背公序良俗。公序良俗是从民族共同的道德感和道德意识中抽象出来的,其内涵是由社会公共秩序、社会生活秩序和社会成员普遍认可并严格遵循的道德准则所构成的,它体现了我们民族的传统美德,是维护社会平稳有序运行的基础保障。作为法律渊源的习惯可以在一定程度上弥补法律规定的不足,使法律变得更为完善,使法律具有一定开放性。但如果某个习惯是有悖于法律强制性规定和公序良俗的,甚至有悖于社会成员普遍认可的伦理道德观念,那么使其成为法律渊源,就可以导致体系违反的现象,从而使现行的法的秩序遭到一定破坏。也就是说,习惯必须符合国家的法治精神和公序良俗原则才可以被承认为习惯法,而那些有悖于法治精神和公序良俗的习惯则不能成为习惯法。例如,有一些地方的民俗规定,嫁出去的女儿不享有继承权、允许对婚姻进行买卖、奖励进行宗族械斗的人、通过肉体惩罚甚至杀害的方式惩戒违反族规者等,而这些习俗明显是有悖于我国法治精神和公序良俗的,因此不能将这些落后的习惯作为法律渊源,而是应该通过法律规定严令禁止这类行为的发生。因此,在裁判案件时,需要通过法律规定和公序良俗对习惯的具体内容和效率进行审查。

《民法总则》第10条具体规定,"有法律依法律,无法律依习惯"。这是指,针对某一具体问题,如果有具体法律规则的,应该使其优先适用法律规则,习惯法应该排在法律规则之后;需要注意的是,这里所说的法律是指具体的法律规则,法律的基本原则并不在范围内。习惯法是在不存在具体法律规则的情况下才可以适用的。

九、法理

法理是指法律上的道理,是形成某一国家全部法律或某一部门法律的基本精神和学理。从不同角度可以对法理做出不同解释,法理可以作为法律规则的解释,还包括自然法的规则以及学理的内容,由此可以看出,法理实际上是一个从广义层面存在的概念。在一些国家,法理可以作为民法渊源,如瑞士就有相关规定。

《瑞士民法典》第1条规定:"(1)凡依本法文字或释义有相应规定的任何法律问题,一律适用本法。(2)无法从本法得出相应规定时,法官应依据习惯法裁判;如无习惯法时,依据自己如作为立法者应提出的规则裁判。(3)在前款的情况下,法官应参酌公认的学理和实务惯例。"

在我国,《民法总则》中并没有将法理规定为民法渊源,因为法理并不具有行为规则和裁判规则的性质与功能,其本质只是相关学者在法律上的见解。当然,在实际的民事案件裁判中,法官应该适当地参考法理,尤其是应该把法理作为裁判说理的重要依据和内容,因为法理本身就是对社会生活与审判实践的经验总结。

第一章　绪　论

本章小结

民法是对民事活动中一些共同性问题所作的法律规定,是民法体系中的一般法。民法在整个法律体系中具有重要意义,也是在实际社会生活中十分常用的法律。本章主要研究民法最基本的一些概念,具体包括民法的概述、民法的性质和民法的法律渊源。通过本章内容分析,可以从整体上对民法有大致的把握,有利于之后的深入研究。

第二章 民法的基本原则

民法所具有的基本原则是民法的主旨和基本准则,以民法的制定、解释、适用以及研究为出发点,深入贯穿于民法制度和规范中,集中体现了民法的本质以及具备的特征,同时也是判断一般民事行为规范和价值判断的标准。民法所具有的规定首先应当适用到各种具体的规定中去,当没有具体的规定时,在能够使用于民法关于基本原则的规定,进而做出裁判。

第一节 民事权益受法律保护原则

一、民事权益受法律保护原则的内涵

《民法总则》第3条规定:"民事主体的人身权利、财产权利以及其他合法权益受法律保护,任何组织或者个人不得侵犯。"本条法例中明确了民事权益受法律保护的原则,以我国《民法总则》的相关规定来看,民事权利受法律保护原则包括以下几点。

(一)民法主要保护人身、财产等权益

《民法总则》中系统又全面地对人身、财产安全进行相关规定。从公民财产保护的权利方面来看,《民法总则》的法律上第一次使用了"平等"的手段来保护民事主体物权,这也是对《物权法》的补充与完善。在该法则中对知识产品的客体进行了详细的列

举,进而有效地扩大了知识产品的保护范围,不断加强对知识产品的保护。在该法中强化了对英雄烈士的姓名、肖像、名誉以及荣誉的保护,进而有效地弘扬公共道德,维护良好的社会风尚。

虽然,从《民法总则》的规定可以看出,保护民事权益范围非常广泛,但是并不是所有的权益都会受到民法的保护,例如一些公法上的权利,劳动权、受教育权,主要受公法保护,民法保护的主要是私权,其中以人身、财产权益为基本内容。

(二)民法不仅保护权利,而且保护利益

无论是权利还是利益,两者都受到了法律的保护。我国《民法总则》第3条中规定"其他合法权益",这就可以看出,民法不仅保护了权利,更加保护利益。这对将来新型的民事权益提供保护预留了空间,进而保持了民法总则规定的开放性原则。

从我国《民法总则》的规定来看,其多个条款都使用了"权益"的表述,如《民法总则》第126条规定:"民事主体享有法律规定的其他民事权利和利益。"

该条例显示,权利与权益都会受到法律的保护。这不仅与保护民事权益的基本原则相对应,同时也保持了民法保护权益范围的开放性。无论是组织还是个人,都不得非法侵害他人的合法权益,同时也不得干涉他人行使自身权利。例如,任何人不得非法查封、扣押、没收公民的合法财产。

(三)对新型民事权益进行保护

我国民事权益受到法律的保护下,同时,《民法总则》强化了对新型民事权益的保护,有效地体现出当代中国的时代特征,对当今社会的现实发展需求进行了回应。该法则首次提出了隐私权,主要是为了加强对人们隐私权的保护。

再者,针对互联网和大数据等技术发展过程中对人们的个人信息进行侵害的现象,在《民法总则》中规定了个人信息的保护规则,目的是为了有效地维护人们的人格尊严,抵制各种运用非法

手段侵害个人信息的行为发生。

(四)在民事权益受到侵害时,民法主要通过民事责任对权利人进行救济

当侵犯到权利人的权利时,权利人可以依法请求各相关行政机构来对自我的权益进行保护,也可以诉请人民法院或者是仲裁机构予以裁决或者决断。

民法最重要的原则是民事权益的保护,之所以将该原则作为民法的首要原则,其主要的原因是:一方面,民法是权利法;另一方面,是近代民法典的体系,就是权利体系。

"民法是作为权利的体系而被构建的",民法总则的体系是以私权为"中心轴"所展开的,其所规定的民事主体是民事权利的享有者与民事义务的承担者,各项民事权利是私权完整的内容和结构,民事法律行为是行使私权而从事的行为,而民事责任既是因侵害私权而产生的法律后果,也是保障私权实现的强有力手段。

在构建了完整的民事权利体系后,为《民法总则》中各项分则的制定奠定了基础。民法典主要依据的是物权、合同债权、亲属权、继承权、人格权以及侵害民事权利所产生的侵权责任而展开。

《民法总则》可以全面而又系统性地对民事中的各项权利进行保护,构建民事权利体系,弘扬司法自治,强化对人格尊严价值的保障。因此,民法的中心任务就是保护权利。

二、民事权益受法律保护原则的意义

我国民事权益法历来重视个人的人身和财产权利的保护。如,《民法通则》第5条规定:"公民、法人的合法的民事权益受法律保护,任何组织和个人不得侵犯。"该条对个人民事权益受法律保护的原则做出了规定。

除《民法通则》外,《侵权责任法》也对个人的权益保护做出了规定,该法第2条规定:"侵害民事权益,应当依照本法承担侵权

责任。本法所称民事权益,包括生命权、健康权、姓名权、名誉权、荣誉权、肖像权、隐私权、婚姻自主权、监护权、所有权、用益物权、担保物权、著作权、专利权、商标专用权、发现权、股权、继承权等人身、财产权益。"

在总结上述立法经验的基础上,《民法总则》第3条对民事主体合法权益受法律保护的原则进行了相关的规定,从这条法则所处的位置可以看出,仅次于"立法目的"和"调整对象",属于最重要的民法基本原则。

《民法总则》在采取了《民法通则》的经验后,专设"民事权利"相关的内容,集中地确认和宣示自然人、法人所享有的各项民事权利,充分显示出民法对私权保障的功能。《民法总则》在全面保障私权方面具有很多的亮点,不仅充分体现了时代性,而且保持了民事权益保护范围的开放性。也正是因为这一原因,《民法总则》也被称为"民事权利的宣言书"。《民法总则》全面确认和保护民事权益的主要意义主要体现在以下几方面。

(一)保障私权有利于更好地保障最广大群众的根本利益

人民群众的个人权利得到保护,能够更好地使人民群众对美好生活更加的向往,促进人们的更好发展。使广大人民群众的物质生活条件得到极大的改善,更好地保护人民群众的财产安全。同时,《民法总则》强化对个人人身权益的保护,也有利于保护个人的人格尊严。

(二)奠定法治社会的基础

法治内在地包含着"规范公权、保障私权"的价值目标体系,法律的主要功能在于确认权利、分配权利、保障权利、救济权利。所以,法律需要规定行使权利的范围,而权利的实现本身也是法治价值的重要体现。

一方面,保障私权的功能主要是由民法典来实现的,只有通过民法典全面确认和保护私权,才能为法治社会建设奠定基础。另一方面,公权的行使范围受到私权的制约,私权的范围有利于明确公权的边界,继而有利于防止政府对私权进行不正当的干预,有力地规范公权,并使民事权益在其私权受到侵害的情况下得到充分的救济。

(三)保障私权有利于全面维护个人的行为自由

私权的保障可以通过民法典相关的法律规范,对人们所享有的各项权益进行全面的确认,同时制定出相应的救济机制,全面保障私权。同时,保障私权还意味着要尊重个人的"私法自治",其本质上是尊重个人的自由和自主,充分发挥出个人在现代社会治理中的作用。

与公权力"法无明文规定不可为"正好相反,私权的行使是"法无禁止即可为",只要是法律中没有明文规定禁止个人进入的领域,按照私法自治原则,每个人都有权利进入。这既有利于节约国家的治理成本,也有利于增加社会活力,激发主体的创造性能力。

第二节 平等原则

平等原则是为了调整社会关系的性质所决定的,没有平等的存在也就丧失了民法,平等原则是民法的其他基本原则的基础。突出平等原则,划清民法与行政法、经济法的界限,在立法和司法上都有实际意义。

一、平等原则的概念和意义

平等原则是指在法律上,所有的民事主体都具有平等的地位,所有的合法权益都应当受到法律的保护以及平等的对待。在我国的《民法总则》第 4 条中规定:"民事主体在从事民事活动过程中所拥有的法律地位是平等的。"民事主体地位平等原则是我国民法在进行各主体间的财产关系和人身关系作为调整对象的必然体现。

在我国,民事主体地位平等原则是对人身主体以及财产关系作为调整对象的必然表现。民法的平等原则集中反映了民法所调整的社会关系的本质,也是全部民事法律制度的基础。

从比较法上来看,由于平等原则通常是在宪法中规定的,因而,有的国家民法典并没有直接对平等原则做出规定,但也有国家在民法典中对平等原则做出了规定。例如,《法国民法典》第 8 条规定:"所有法国人均享有民事权利。"该条实际上确立了民法的平等原则。

对于一些国家来讲,虽然并没有明确对平等原则做出规定,但是却有相关的规则来体现着平等原则。例如《德国民法典》第 1 条规定:"人的权利能力始于出生完成之时。"该条例中虽然规定了自然人权利能力开始的时间,但其宣示了一切自然人从出生完成之时所具有的权利能力,所以,一般会认为,在法律上也具有了平等的原则。

我国立法历来将平等原则作为一项重要的民法基本原则。例如,《民法通则》第 3 条规定:"当事人在民事活动中的地位平等。"《合同法》第 3 条规定:"合同当事人的法律地位平等,一方不得将自己的意志强加给另一方。"《物权法》第 4 条规定:"国家、集体、私人的物权和其他权利人的物权受法律保护,任何单位和个人不得侵犯。"以上法律均将平等原则作为重要的基本原则,这也是从民法调整对象出发所产生的一项基本原则。在民法上,采纳该原则的主要意义在于以下几方面。

（一）集中体现了民法的调整对象和调整方法的特点，表现了民法的基本价值理念

民法所调整的主体是财产与人身之间的平等关系，所以要运用平等的原则来有效调整社会的关系，以及在发生了民事违法行为以后的责任方式。

（二）充分反映了市场经济的本质要求，并构建市场经济秩序的基础

在市场经济下，主体间的平等是最本质的特征体现。在市场经济社会中，凡是参与市场经济的各个主体都属于合理的人，所以，为了实现人们的利益最大化，人们之间就会因为利益问题产生矛盾和冲突，而且在单个主体利益与社会公共利益间同时存在冲突与矛盾，所以，要明确各类市场主体间的地位平等问题。在交易的过程中，要求交易双方首先在地位上是平等的，利益上也是等价的，否则一旦进行交易双方之间存在差距，就不属于公平竞争了，也不可能形成有序的市场秩序。

（三）有利于强化对财产的平等保护，促进社会财富的增长

制定平等原则不仅要强调对公共财产进行保护，同时还要将保护个人财产放在重要的位置上。对国内财产进行一体化的保护，有利于实现"有恒产者有恒心"的态度，所体现出的是利益的期待，鼓励人们创造社会财富，满足社会投资的需求，进而实现社会财富的有效增长和经济利益的昌盛。

二、平等原则的内容

(一)人格的平等

如何实现人格的平等,即在法律上不论是贫困还是富有、不论是高贵还是低贱、不论是任何种族或者性别,人与人之间的人格都是平等的。我国《民法总则》第14条明确规定:"自然人的民事权利能力一律平等。"这种民事权利是人们出生就所具备的,是公民终身所享有的,公民的民事权利是平等的。除了法律所特别规定的以外,任何单位或者个人都不得限制和剥夺公民的民事权利。

(二)在具体的法律关系中当事人的法律地位平等

在履行合同关系的过程中,任何合同当中的参与人之间却是平等的,不应具有隶属关系或者具有不平等的地位。同时平等原则还体现在民事主体与民事法律之间的关系上,是需要进行平等的协调,双方当事人中的无论是哪一方都不得将自己的意志强加到另一方的身上。

(三)对各类民事主体的平等对待,包括强势意义上的平等对待和弱势意义上的平等对待

所谓强势意义上的平等对待,指的就是要避免对人进行分类,要给予各个群体平等的对待。同时不能区别对待任何人,对于弱势群体也要平等的对待,但是也要针对不同的情况进行区别对待。在法律上,无论是弱势群体还是强势群体都是平等对待的,都要以法律所规定的方式来进行。例如,在合同中既确定了合同具有的自由原则,同时又兼顾了合同正义,而合同正义的实现就是建立在弱势对待的平等基础上。

第三节 自愿原则

《民法总则》第 5 条规定,民事主体在从事民事活动的过程中,民事主体要有自己的意识,要遵循民事主体的自愿原则,按照自己的意识来进行设立、变更和终止民事法律关系。

自愿原则是指民事主体依照自己的意愿,自主地进行民事权利的行使,参与民事法律关系,国家对民事关系不会进行太多的干预。自愿原则是民法调整财产关系与人身关系的特征的突出反映。没有自愿的情况下,是不能够进行商品的交换,不能成立婚姻关系,也就没有遗嘱制度,自愿原则是民法的核心原则。

有学者认为自愿的语意含义是指不受强制,自愿原则还不足以反映民事法律关系的性质,应当用私法自治原则代替自愿原则。近代西方民法确立了私法自治原则,什么是私法自治?有学者指出,我们把人的行为自由(如订立合同的自由或设立遗嘱的自由等)称为私法自治。

私法自治指的是各个主体根据自身的意志自主形成法律关系的原则。有学者说过"法律制度赋予并且确保每个人都具有在一定范围内,通过法律行为,尤其是合同来调整相互之间的关系具有的可能性,人们将这种可能性称为'私法自治'"。

现代西方国家对私法自治的限制有所加强,学者提出了合同自由与合同正义(有称合同公正)结合的理论。应对自愿原则作扩大解释,其内涵和当代西方民法对私法自治原则的确认与限制大体一致。在我国私法自治这个概念容易被人们误解,因此私法自治可以作为学理原则,不宜规定为法定原则。自愿原则主要体现在如下几方面。

民事主体根据自己的意愿自主行使民事权利。民事主体的权利可以表现在自主占有、使用或者处分其所有物,发表作品,转让专利权,设立遗嘱等。为了体现出其自愿原则,民事法律具有较多的任意性规范。

民事主体之间自愿协商设立、变更或者终止民事法律关系。

当事人的意愿优于任意性民事法律规范。也就是说，当事人的协议效力是比任意性规范的效力更强。在继承关系中，如果有遗嘱，应当优先适用遗嘱继承。

第四节 公平原则

公平是人类社会的崇高理念，也是基本的法律价值理念。在不同的时期，人们对社会上所存在的公平具有不同的理解。是否公平，应当从我国民法的基本精神出发，以我国当前现阶段的交易习惯和人们的一般观念为标准。民法上所讲的公平，是指在民事主体间实现的利益平衡，公平原则是衡量当事人之间利益的标准。

一、公平原则的概念

所谓公平原则，指的就是民事主体在行使的过程中，本着公平正义的观念来实施民事行为，司法机关也应当根据公平的观念来处理民事纠纷问题，在民事立法的过程中也要充分体现出公平的理念。在罗马法中，就有一项重要规则，即"不论任何人均不得基于他人之损害而受利益"（nam hoc natura aequum est neminem cum alterius derimento et iniuria fieri locupletiorem），这实际上体现的也是公平原则。

从比较法上看，有的国家对公平原则做出了规定，例如，《瑞士民法典》第 4 条规定："依本法所作的裁判或判断具体状况，或认定重要原因是否存在时，法官应根据法理公平裁判。"我国民法历来将公平原则作为基本原则。我国《民法总则》第 6 条规定："民事主体从事民事活动，应当遵循公平原则，合理确定各方的权利和义务。"这就在法律上明确确认了公平原则。

民事活动应当遵循公平原则,即应将公平原则确定为一项基本原则。其特点表现为:

(一)公平原则本身是民事活动的一项基本原则

民事活动在行使的过程中,任何民事主体都要按照平等的原则进行,要以正当的手段来行使和履行其义务。例如,当双方当事人协议制定好合同后,要充分考虑双方当事人的权益,进而做好准备,在行使权利的过程中,要充分顾及他人的利益,不得随意使用职权。

(二)公平原则是民事活动的目的性的评价标准

在从事任何一项民事活动的过程中,在遵守公平原则的过程中,是要从结果上查看是否符合公平的要求,进而进行评价。如果在进行交易完成后造成了双方当事人之间的利益失衡,除去当事人自愿接受的原则,否则法律应当进行适当的调整。所以,公平原则更多体现了实质正义的要求。

(三)公平原则是法官适用民法应当遵循的重要理念

民法所具有的最基本的观念就是公平正义原则,这也是在实施民法的过程中最基本的价值理念。应当要依据社会上的一般公平正义观念来进行司法活动。但是,正是由于公平原则具有一定的抽象性,所以只能将其看作一种理念,而不是取代民法的规则。

公平原则体现了现代法治的精神,古罗马法学家凯尔苏斯(Celsus)曾言:"法乃公正善良之术(Jus est ars boni et aequi)。"自此以后,公平正义成为法律固有的属性。公平正义是一切法律所追求的价值,是法律的精髓和灵魂。

正义可以体现出某种秩序的内在要求,也是构建普遍适用性程序的内在需求,换句话说,法律作为行为规范,以调整社会关系为目的,公平正义必然会将其作为基本价值。当然,公平概念的内涵是动态发展性的。随着时代的发展变化,人们对公平的认识也会产生相应的变化。所以,公平是与当今社会历史发展紧密结合的。

二、公平原则在民法中的具体体现

公平原则是要将公平理念深入贯彻到整个民事法律制度的设计当中,以价值的均衡为标准,来配置当事人之间的权利和义务。我国《民法总则》中不仅确认了公平原则是民法的基本原则,并从多个条款中都反映了公平原则的基本要求。例如,该法第151条规定:"一方利用对方处于危困状态、缺乏判断能力等情形,致使民事法律行为成立时显失公平的,受损害方有权请求人民法院或者仲裁机构予以撤销。"

这就确立了显失公平制度。再如,该法第183条规定:"因保护他人民事权益使自己受到损害的,由侵权人承担民事责任,受益人可以给予适当补偿。没有侵权人、侵权人逃逸或者无力承担民事责任,受害人请求补偿的,受益人应当给予适当补偿。"该条确认了侵权责任中的公平责任,这实际上是公平原则的具体化。公平原则在民法中具体体现为如下几个方面。

(一)在合同法中的运用

公平原则在合同法中是应用最为广泛的,《合同法》第5条规定:"当事人应当遵循公平原则确定各方的权利和义务。"商品在交换的过程中本身就具有一定的价值法则以及公平平等的原则。因此在合同法中,公平原则又体现在以下几个方面。

1. 等价有偿原则

我国《民法通则》第4条规定,在行使民事活动的过程中要遵循等价有偿原则,即在行使民事活动的过程中要按照等价交换的原则进行,进而就能够实现其所具备的经济利益。在运用这一原则时,除了法律上所另行约定的当事人以外,其他的相关财产利益的人,在提供劳务的过程中,都要给予相应的价值。

但是,不可将等价有偿原则作为整个民法的基本原则,等价有偿原则属于合同法中的基本原则,在合同法中具有评定公平的作用,在亲属法中不能适用。

2. 情事变更原则

所谓情事变更原则,就是在成立合同后,由于当事人双方之间所发生的过错导致情事发生了变化,进而不能依据合同中的约定来履行,导致丧失了公平性,因此根据公平原则,当事人可以请求变更或者解除合同。但我国《合同法》并未采纳这一原则,只是在相关司法解释中确认了情事变更的规则。

3. 显失公平制度

双方当事人在制定合同的过程中,由于一方当事人缺乏经验或者由于事情紧迫急需做出决定,就制定出了不利于自己的合同就是显失公平的。当制定的合同中出现的规则对一方当事人的利益有所损失,当事人可请求更改或撤销。虽然在我国《合同法》中根据公平原则承认了显失公平的合同撤销,但是在实际的实践过程中要严格遵守《合同法》中的规定,不能将正常的教育风险作为显失公平来看待。

在法律上将显失公平作为可变更、可撤销的合同,是因为在从事民事行为时,一方利用了对方的无经验或者利用了自己的优势地位,从而导致民事主体之间的利益关系失衡。自愿的显失公平不影响民事法律行为的效力。

(二)在物权法中的运用

1. 在添附制度中的运用

添附制度就是指将不同的人所拥有的东西都集合在一起,进而形成了不可分离的物或者新的物质。当添附发生后,如何来确定财产的归属,就要根据添附的规则来确定,同时也不能缺少公平原则。例如,取得添附物的人应当补偿失去该物的人所使用的损失,特别是在损失不能确定的情况下,只能实行公平原则进行补偿。

2. 在相邻关系中的运用

在相邻的关系运用过程中,如果一方能够对另一方的不动产所有人或者是使用人在权利上进行延伸,进而才能行使必要的便利。但是在现实生活中存在公平原则,同时,相邻关系的具体规则也体现出了公平原则。

(三)在侵权法中的运用

1. 公平责任原则

公平责任,可以称为衡平责任,即当事人在给对方当事人造成一定的损害但是无过错的情况下,法院可以根据公平的理念,对双方当事人的财产情况进行考虑,责令加害人的一方对受害人进行财产上的补偿。

《民法通则》第106条第3款关于"没有过错,但法律规定应当承担民事责任的,应当承担民事责任"的规定和第132条关于"当事人对造成损害都没有过错的,可以根据实际情况,由当事人分担民事责任"的规定,是公平责任原则的重要法律依据。

2. 损害赔偿

损害赔偿就是一方当事人对另一方当事人造成损害,按照相关的规定,要赔偿给受害方一定的损失,加害人应当与受害人进行损害上的确认,查看数额是否符合。完全赔偿原则就是对公平原则的具体体现。

第五节 诚实信用原则

我国民事法律规定,在行使个人权利的过程中不得出现损害他人利益、欺骗他人以及弄虚作假的事情发生,要遵循诚实守信的原则。诚实信用原则侧重的是民事主体的主观要求,是根据客观的事情来衡量当事人的利益,进而认定当事人是否遵循了诚实信用原则。

一、诚实信用原则的历史发展

在民法中,诚实信用原则是一项重要的原则,该原则常常被称为民法。特别是债法中的最高指导原则,也称为是"帝王规则"(Konig Lehrhorm),君临法域。《民法总则》第7条规定:"民事主体从事民事活动,应当遵循诚实信用原则,秉持诚实,恪守承诺。"这就在法律上确认了诚实信用原则。

诚实信用原则起源于罗马法。在罗马法的诚信契约中,债务人不仅要依照契约条款,更重要的是要依照其内心的诚实观念完成契约所规定的给付。欧洲中世纪的教会法也规定,个人一旦做出允诺,便应当履行。

根据教会法,谎言、伪证和虚假的誓言都是"言语上的罪过",不遵守其话语和承诺者应当受到惩罚,违背誓言的行为构成一种不法状态,应当受到法律的制裁。1804年的《法国民法典》第1134条规定,契约应依诚信方法履行。1863年的《萨克逊民法典》第158条规定:"契约之履行,除依特约、法规外,应遵守诚信。依诚实人之所应为者为之。"

历史过程中,诚实信用原则主要适用于债之关系。至20世纪后,西方国家日益借助诚实信用原则解释法律和契约,诚信原则的适用范围不断得到拓展,突破了债之关系进而扩展到民法的各个法域中,其中包括了物权法、亲属法、继承法,任何人在行使自身权利的过程中或者是履行相关的义务时,都应该依照诚实守信的原则来进行,因而被称为民法中的"帝王规则"。

例如,1907年《瑞士民法典》第2条规定:"无论何人,行使权利、履行义务,均应依诚信为之。"这就将诚实信用原则的适用,由债权债务关系,扩展到一般权利和义务。《德国民法典》第242条规定:"债务人有义务照顾交易习惯,以诚实信用所要求的方式履行给付。"

在德国,法院曾经运用该原则去解决第一次世界大战后,经济出现的崩溃、通货膨胀以及货币贬值引起的经济和社会问题,并利用这一原则解决第二次世界大战后改革货币制度发生的问题。

《日本民法典》第1条规定:"(1)私权必须适合公共福祉。(2)权利行使及义务履行必须遵守信义,以诚实为之。(3)权利不许滥用。"诚实信用原则对于缓和西方社会的各种矛盾、维护社会的稳定,起到了重要作用。可以说,自20世纪以来,诚实信用原则在民法中得以普遍运用,是民法发展的重要标志。

从比较法的角度来看,诚实信用原则不仅普遍适用于民法的重要原则,同时也反映出民法的重要依据。在我国的发展过程中,诚实信用原则是民法中重要的基本原则,适用于民法的整个领域,民事主体在行使任何的民事权利、履行任何的民事义务时,都应当遵守这一原则。诚实信用原则不仅适用于债和合同法,而且广泛适用于物权法等领域。

《民法总则》第7条确定诚实信用原则,弘扬了社会主义核心价值观中的诚信价值,确立了最基本的商业精神和最低限度的商业道德。只有树立全社会诚实守信的道德观念,才能建立诚信社会,维护正常的生活秩序和经济秩序,并为法治的推行奠定良好的基础。

诚实信用原则是对伦理理念的法律确认,但不能说明诚实信用原则是一项道德原则,在法律上,诚实信用原则属于一项强制实行的法律规范,当事人不得以其协议加以排除和规避,诚实信用原则已经成为法律上的一项重要原则。

二、秉持诚实、恪守承诺

诚实原则指的是当事人要秉持真实、真诚的态度,在制定合同的过程中,要告知当事人相关合同中的信息,告知相关的真实情况,不坑蒙拐骗、不欺诈他人。在行使物权的过程中,也要秉持诚信的原则,不滥用物权。"诚者自然,信是用力,诚是理,信是心,诚是天道,信是人道,诚是以命言,信是以性言,诚是以道言,信是以德言。"(《性理大全·诚篇》)

我国传统文化中最重要的组成部分是为人诚实,历来,我国的商业习惯也将诚实守信、童叟无欺作为重要的商业道德。在《民法总则》中所确立的诚实信用原则首先就是要求民事主体在民事活动中要依靠诚信,同时《民法总则》在相关制度中也进一步具体化了诚实信用原则。

例如,该法第 146 条第 1 款规定:"行为人与相对人以虚假的意思表示实施的民事法律行为无效。"第 149 条规定,第三人实施欺诈行为使一方在违背真实意志的情况下实施的民事法律行为,对方知道或者应当知道的,则受欺诈方有权请求撤销。其上述两个规则都是新增加的,表明该法进一步要求行为人实施民事法律行为时要秉持诚实。

恪守承诺就是指严守契约和允诺。严守合同、信守允诺曾被认为是自然法的基本规则,也是基本的商业道德。

中国古代历来就有"民有私约如律令"的说法。古时商鞅立木为信、季布一诺千金,曾被传为佳话。古人历来提倡"君子一言,驷马难追","言必行,行必果",儒学曾将"信"与"仁、义、礼、智"并列为"五常",使其成为具有普遍意义的最基本的社会道德规范之一。守诚信、重允诺是中华民族优秀传统文化的重要组成部分。

第二章　民法的基本原则

在当今社会中,社会主义核心价值观中最重要的组成部分就是诚信,我国的《民法总则》从维护社会主义核心价值观和市场秩序出发,要求民事主体从事民事活动的过程中坚持诚实守信原则,恪守承诺。《民法总则》第 119 条规定提出:"依法成立的合同,对当事人具有法律约束力。"

根据这项规定,当事人在制定好相关的合同后,只要在合同的合法有效期内,就必须按照合同中的规定来履行,非依法律规定和当事人约定的,不得擅自进行变更或者解除合同。合同就是当事人之间的法律,其对当事人应当具有严格的约束力。当一方在向对方做出单方面的允诺后,也要严格遵守允诺,不得为了自身的利益而损害对方的信赖利益。

一个社会市场要想维持正常的发展,就要秉持诚实、恪守承诺的原则。有序的市场经济运行要求建立保护产权、严守契约、统一市场、平等交换、公平竞争、有效监督的法律制度。在市场经济社会中,市场正是在无数次的交易下形成的,只有当事人之间订立的合同能够得到履行,才能保证交易的有序进行。

第六节　符合法律和公序良俗原则

公序良俗原则是维护国家和社会利益的需要,是约束民事行为的最低要求,是当事人行为自主的底线,不可逾越。在司法实践中使用公序良俗原则,是个比较复杂的问题,应当以整个法律的价值体系和一般道德观念为基准,区分不同的情况,慎重裁量。

一、合法原则

合法原则,是各国法律普遍确认的基本原则。从狭义上讲,合法是指所有民事法律行为都不得违反法律的强制性规定。而从广义上说,合法还包括民事法律行为不得违反公序良俗。因为

《民法总则》就公序良俗做出了特别的规定,所以,此处所说的合法原则是从狭义上理解的。

《民法总则》第 8 条规定:"民事主体从事民事活动,不得违反法律,不得违背公序良俗。"该条将合法原则表述为"不得违反法律",但其应当仅仅理解为不得违反法律的强制性规定。关于违反法律强制性规定的民事法律行为的效力,《民法总则》第 153 条规定:"违反法律、行政法规的强制性规定的民事法律行为无效,但是该强制性规定不导致该民事法律行为无效的除外。"

当然,在评价民事法律行为的效力时,不仅要考虑私法中的强制性规定,还应当考虑公法中的强制性规定,这实际上为公法进入私法提供了通道,而且有利于保持公法评价和私法评价的一致性。例如,走私、贩毒行为在刑法上是犯罪行为,而当事人订立的走私、贩毒合同,也因为违反了刑法上的强制性规定而归于无效,这就可以使法秩序内部保持统一。

二、公序良俗原则

公序良俗,指的是公共秩序和善良风俗,后来《法国民法典》将两者结合在一起,统称为公序良俗。《法国民法典》第 6 条规定:"个人不得以特别约定违反有关公共秩序和善良风俗的法律。"日本民法也采纳了这种规定,而在《德国民法典》中,只有善良风俗而没有公共秩序的概念。

我国《民法通则》没有采用"公序良俗"的概念,《民法通则》第 7 条规定:"民事活动应当尊重社会公德,不得损害社会公共利益。"《合同法》第 7 条规定:"当事人订立、履行合同,应当遵守法律、行政法规,尊重社会公德,不得扰乱社会经济秩序,损害社会公共利益。"按照许多学者的理解,所谓社会公共利益和社会公共道德,就相当于国外民法中的公序良俗的概念。

依据我国《民法总则》第 8 条的规定,民事主体从事民事活动,不得违背公序良俗。如前所述,从广义上理解,违法也包括违背公序良俗。《民法总则》第153条第2款也规定:"违背公序良俗的民事法律行为无效。"因此,任何违背公序良俗的行为,都应当无效。

例如,当事人订立的"包二奶"协议、斡旋行贿等合同,都应当认定为因违反公序良俗而无效。我国民法所规定的公序良俗原则,不仅适用于财产关系,也适用于人身关系。它是社会主义核心价值观的体现,与《民法总则》第1条所确立的"弘扬社会主义核心价值观"的目的是一致的,对于维护社会伦理和社会秩序,都具有重要意义。

(一)公共秩序

公共秩序指的是社会公共秩序以及生活秩序。但是现代社会中的公共秩序指的即是社会秩序,社会秩序已经成为我国社会发展过程中重要的一般秩序,在我国的法律上都做出了明确的规定,要维护好公共秩序,因此,危害社会公共持续的行为通常也就违反了法律的强制性规定的一些行为。

一旦合同中出现了损害社会公共秩序、违反现行法律规定的行为,如走私军火、买卖枪支和毒品或者以从事犯罪等行为作为合同的内容的,都应作为违反法律或者行政法规的强制性规定为由宣告合同无效。但有时法律规定并不可能涵盖无余,因此,需要借助公共秩序的概念实现对法律的有效补充。

所以,在订立的合同中,凡是出现了危害国家公共安全与秩序的,即使是在现行的法律中没有被明确规定出来的,也应当被宣告是无效的。例如,购买"洋垃圾"、规避课税的合同等,即使是在现行的法律制度中没有做出明确的规定与禁止,也应被认为是无效的。由此可以看出,一些禁止危害公共秩序的规定中,实际是对法律中的一些规定的补充和完善。

但是,目前我国正处于社会转型时期,各个主体为了能够最大化地追求利益,难免会与他人的利益或者社会利益造成冲突。这就需要借助民法的规定来协调社会公共利益与民事主体的利益,避免过于片面地强调某一方的利益而忽视了另一方的利益现象。而通过引入"公共秩序"这一概念,就可以妥当地协调好社会公共利益和民事主体之间的关系。

(二)善良风俗

善良风俗是指由社会全体成员所普遍认许、遵循的道德准则。善良风俗的含义又包含两个方面,一是指社会所普遍承认的伦理道德,例如救死扶伤、助人为乐、见义勇为等。二是指某个区域社会所普遍存在的风俗习惯,例如婚礼不得撞丧。善良风俗本身就是社会生活中的一些基本规矩,而且,许多地方将善良风俗转化为乡规民约,使之成为"软法",构成社会自治的重要内容。

在善良风俗中,许多道德规则已经表现为法律的强行规定,如不得遗弃老人等。我国民法提倡家庭生活中互相帮助、团结协作,应当禁止遗弃、虐待老人以及未成年人,要禁止订立违反道德的遗嘱,禁止有伤风化、违背伦理的行为,提倡对人格的尊重,切实保护好公民的人格权。

在相关的财产关系中,要秉持"团结互助、公平合理"的精神原则,建立起和睦的邻里关系,我国提倡拾金不昧的良好美德。需要通过善良风俗这样一个条款,尽可能将其引入民法体系中来,以弥补法律规定的不足。因此《民法总则》第153条第2款规定:"违背公序良俗的民事法律行为无效。"

公序良俗原则具有调节性的功能,它可以协调个人利益与社会公共利益、国家利益之间的冲突,维护正常的社会经济和生活秩序。"公序良俗的调整机能由确保社会正义和伦理秩序向调节当事人之间的利益关系、确保市场交易的公正性转变,从而使法院不仅从行为本身,而且结合行为的有关情事综合判断其是否具有反公序良俗性。"

也就是说,这一原则实际上赋予了法官一定的自由裁量权,从而使其能够有效地调整各种利益冲突,具体表现在:一方面,如果民事主体因为追求利益的最大化而从事了与社会公共利益或者与他人的利益产生了冲突,法院应当要记住善良风俗条款来维护社会中的公共利益。

另一方面,我国在制定法律的过程中,一些法律过于强硬,缺乏弹性,在现实生活的运用过程中具有一定的不合理性,此时法官就要考虑实际情况,依照公序良俗原则解决个人利益与社会公共利益的冲突。

还应当看到,该原则可以弥补强行法规范的不足。公序良俗作为一个弹性条款,之所以要在法律上予以确认,根本原因在于,由于强行法不能穷尽社会生活的全部,其适用范围不能将各种民事活动都涵盖其中。

由于民事活动纷杂烦琐,所以在法律上不可能施行强制原则,但是法律为了实现社会的有序发展,需要对民事活动进行规范,这种规范不仅要依靠强行法来完成,同时还要通过在法律上设立公序良俗原则,进而有效地对民事行为提供全面的规范,并对其实施一定的效用。

例如,尽管民法中设立了很多的道德规则,但是民法也不能将所有的道德都摄入其中,由于民事活动,无论从事的是一般的交易活动还是社会上的实践,都需要道德来进行评定和规制,违反了社会所普遍接受的道德准则,不仅可能给当事人造成损害,也会给社会秩序造成一定的危害,这就需要采用公序良俗的原则,作为调整民事活动的重要方式。

公序良俗本身不是强行法,但它是沟通强行法与道德规范的桥梁,为道德规范引入法律提供了媒介。公序良俗原则也有利于避免法律的僵化,能够保护法律强行性规范与道德的有机协调,维护社会经济生活秩序的和谐稳定。

三、公序良俗原则与相关原则

(一)公序良俗原则与自愿原则

公序良俗原则与自愿原则关系密切。在现代社会,虽然私法自治原则可以成为社会治理的重要方式,但私法自治也可能被滥用,而对社会经济生活造成妨碍,因此,需要借助于公序良俗原则,对私法自治原则进行必要的限制,这尤其体现在伦理生活领域。例如,借助公序良俗原则否定当事人所订立的损害伦理道德、危害社会公共利益的合同的效力。

在我国,尽管为了促进市场经济的发展,需要借助自愿原则,不断扩大民事主体意思自治的范围,允许其在民事活动领域依法享有广泛的行为自由,但也需要借助公序良俗原则对民事主体的行为进行必要的限制。例如,为了保护个人的人格尊严,应当对有偿代孕行为进行必要的控制,以防止将人的身体作为商品进行交易的现象。

公序良俗原则就是要强调民事主体进行民事活动时必须遵循社会所普遍认同的道德,从而建立稳定的社会秩序,使社会有序发展。因此,在一定程度上,公序良俗原则对自愿原则做出了限制和干预,从而保障人们依据自主自愿行为时能够符合法律的价值和目的。

(二)公序良俗原则与诚实信用原则

公序良俗原则与诚实信用原则一样,都要反映一个社会主流的价值观和道德观,并通过这一原则的引入以发挥填补法律漏洞、弥补法律不足的功能。但是,两者毕竟是不同的民法原则,其存在如下区别。

1.适用范围不同

诚实信用原则作为"帝王规则",其适用范围更为宽泛。它不仅可以适用于债法领域,而且适用于民法的各个领域。特别是强调在交易活动中秉持诚实、恪守承诺,意义重大。而公序良俗原则主要适用于人身关系和债法领域,在物权法等领域适用情形相对较少。

2.功能不同

诚实信用原则经常用于填补法律漏洞和合同漏洞。正是因为这一原因,在诚实信用原则的基础上产生了许多新的规则,如合同正义原则、禁止暴利原则、禁止滥用权利原则、缔约过失责任原则、当事人应承担附随义务的原则等。而公序良俗原则的功能主要是认定法律行为的效力。

依据《民法总则》的规定,违反公序良俗的后果将导致法律行为无效。但诚实信用原则主要不是用于判断法律行为效力的,违反诚实信用原则也不当然地导致法律行为无效。在司法实践中,法官也很少以公序良俗原则为基础解释出新的规则和制度。

3.调整民事行为的方式不同

诚实信用原则一般通过设定行为人积极行为义务(如附随义务)的方式,调整人们的行为;而公序良俗原则一般通过禁止行为人从事某种行为的方式,实现对个人行为的调整。

4.目的不同

诚实信用原则主要是为了保护对方当事人的利益。因此,诚实信用原则往往赋予一方当事人要求另一方当事人为特定行为的权利,如合同当事人可以基于此原则要求对方履行附随义务。而公序良俗原则往往侧重于保护第三人的利益和一般社会大众的利益,从这一意义上说,公序良俗原则设定了私法自治的框架,消极地限制法律行为的效力,当事人通常并不能以此为基础要求对方当事人为特定行为。

第七节 绿色原则

绿色原则指的是保护环境,要正确贯彻宪法,实现国家发展战略的要求。坚持绿色原则,就要坚持人与自然和谐相处。这一原则要求民事主体在从事民事活动时,应从有利于节约资源,保护生态环境出发,以是否有利于节约资源、保护生态环境作为应否从事相关民事活动的考量。民事主体从事民事活动,造成资源浪费、生态环境破坏,应承担起相应的民事责任。

一、绿色原则的概念和意义

所谓绿色原则,是指民事活动应当遵循节约资源、保护生态环境的原则。《民法总则》第9条规定:"民事主体从事民事活动,应当有利于节约资源、保护生态环境。"这就从基本原则的层面,提出了生态环境保护的要求。

从比较法上看,传统民法注重调整财产关系,而不注重对环境的保护。但《德国民法典》已经开始考虑对环境的保护,该法第906条第1项规定:"土地所有人不得禁止煤气、蒸汽、臭气、烟、煤烟子、热、噪声、震动以及从另一块土地发出的类似干涉的侵入,但以该干涉不妨害或仅不显著地妨害其土地的使用为限。在通常情况下,法律或法令所确定的极限值或标准值不被依这些规定算出和评价的干涉所超出的,即为存在不显著的妨害。依《联邦公害防止法》第48条颁布所反映技术水平的一般行政规定中的数值,亦同。"

《瑞士民法典》第684条规定:"经管工业的方式:(一)任何人,在行使其所有权时,特别是在其土地上经管工业时,对邻人的所有权有不造成过度侵害的注意义务。(二)因煤、烟、不洁气体、音响或震动而造成的侵害,依土地的位置或性质,或依当地习惯属于为邻人所不能容忍的情况的,应严禁之。"可见,一些国家的民法典已经对环境保护问题做出了规定。

我国《民法通则》中并没有关于环境保护的原则和规则,保护环境主要是通过《环境保护法》等法律实现的。早在1989年,我国立法机关就颁布了《环境保护法》,在此之后,立法机关又相继颁布了《水污染防治法》《环境噪声污染防治法》《节约能源法》《大气污染防治法》《水法》《草原法》《固体废物污染环境防治法》等多部保护环境的法律,这些法律构成了我国环境保护法的完整体系。

我国《民法通则》《侵权责任法》等民事立法虽然对环境侵权责任做出了规定,但其并不直接救济生态环境损害本身。《民法总则》对绿色原则做出规定,是我国民事立法的一大进步,而且《民法总则》将绿色原则作为一项民法基本原则进行规定,表明保护生态环境并不仅仅适用于侵权,其应当贯彻适用于整个民法,其将直接影响民法典各分编制度、规则的设计、理解与适用。

《民法总则》第132条规定:"民事主体不得滥用民事权利损害国家利益、社会公共利益或者他人合法权益。"该条所规定的禁止权利滥用规则与绿色原则相配合,能够直接起到保障民事主体正当行使民事权利、维护生态和环境的作用。

绿色原则是我国民法典积极回应现代社会问题的体现,也是我国传统法律文化的传承。它既传承了天地人和、人与自然和谐共生的我国优秀传统文化理念,又体现了党的十八大以来的新发展理念,与我国是人口大国、需要长期处理好人与资源生态的矛盾的国情是相适应的。

尤其是在我国,随着社会经济的快速发展,环境和生态日益成为严重的社会问题,关系到基本民生和人民群众的生命健康。现阶段,我国水资源严重短缺,污染严重,空气质量恶化,许多城市深受雾霾困扰,人们对于青山绿水、蓝天白云、清新空气的需求,比以往任何时候都更为强烈,它们成为人们生活的必需品,也是人们幸福生活的组成部分。

虽然人类不能支配大自然的阴晴、风雨，但是我们可以支配我们的行为，可以通过法律来规范人们的行为，保护环境、维护生态。所以，民法以人为中心，应当积极回应人民的关切，担当起节约资源、保护生态环境的使命。《民法总则》规定绿色原则，将其作为民法的基本原则，将对民法典分则各编的制度、规则产生重大影响，也会对人们的日常行为产生重要的引导作用。

绿色原则的提出，是我国民法典时代性的体现，反映出因为资源环境日益恶化而强化对生态环境保护的现实需要。21世纪是一个面临严重生态危机的时代，生态环境被严重破坏，人类生存与发展的环境不断受到严峻挑战。

全球变暖、酸雨、水资源危机、海洋污染等已经对人类的生存构成了直接威胁，并引起了全世界的广泛关注。如何有效率地利用资源并防止生态环境的破坏，已成为直接调整、规范物的归属和利用的民法典的重要使命。十八届五中全会提出了"五大发展理念"，即创新、协调、绿色、开放、共享的发展理念。

坚持绿色发展，就是要求必须坚持节约资源和保护环境的基本国策，坚持可持续发展，坚定走生产发展、生活富裕、生态良好的文明发展道路，加快建设资源节约型、环境友好型社会，促进人与自然和谐共生，推进美丽中国建设。绿色原则的提出，是五大发展理念的具体体现。它表明民法规则应当在尊重民法逻辑的前提下，在基本精神和理念上顺应生态规律，为资源保护和生态文明建设预留充分的空间。

二、绿色原则的内涵

（一）有效率地利用资源

现代社会，资源的有限性也与人类不断增长的需求和市场的发展形成尖锐的冲突和矛盾。由于人口增长，发展速度加快，现代社会的资源和环境对于发展的承受能力已临近极限。解决这种冲突和矛盾的有效办法就是有效率地利用资源。

由于资源利用中冲突的加剧，民法典必须承担起引导资源合理和有效利用的功能，"以使互不相侵而保障物质之安全利用"。而在我国资源严重紧缺、生态严重恶化的情况下，更应当重视资源的有效利用。绿色原则要求人们的生产、生活等活动要与资源、环境相协调，要实现人与自然的和谐相处，有效率地利用资源、节约资源。

我国民法确认和保护产权本身，也是为了有效利用资源。因为只有产权界定明晰，才能更好地发挥资源的经济效用。我国民法的一些其他制度也都在一定程度上体现了节约资源、保护环境的理念。例如，《物权法》确认了物尽其用的原则，该原则贯穿于物权法各项制度和规则之中，尤其是物权法所确认的用益物权制度，就是为了更好地发挥资源的经济效用。

再如，《物权法》第1191条规定："国家实行自然资源有偿使用制度，但法律另有规定的除外。"该条确立了自然资源有偿使用制度，对于有效防止资源滥用具有重要意义。

(二)保护环境和生态

保护环境和生态是环境保护法等法律的重要任务，我国立法机关早在1989年就颁布了《环境保护法》(2014年修订)。迄今为止，我国已经建立了一整套保护环境的法律制度。但是，这并不意味着民法就不应当承担环境保护的使命。实际上，现代民法发挥作用的一个重要发展趋势就是保护环境、维护生态。

民法典必须反映资源环境逐渐恶化的社会特点，因为在市场经济环境下，由于民法典具有保护主体权利、配置市场资源的作用，其基本理念及相关制度设计都将对资源环境产生重大影响。

一方面，我国环境保护法主要注重通过行政手段和行政责任，强制当事人保护环境，而在一定程度上忽视了通过侵权责任来保护环境，未能形成与侵权责任法的有效衔接。行政处罚并非以损害后果作为确定处罚数额的依据，甚至某些处罚与损害后果并无直接的关联。行政机关也会受其能力所限,难以对有关损害后果进行准确认定。

因此,处罚的结果大多远远低于污染环境所造成的实际损失,实践中经常出现违法成本低、执法成本高的问题。事实上,《侵权责任法》专设"环境污染责任"的内容,对污染环境造成损害时的污染者责任做出了规定,对于有效保护生态环境具有重要意义。

另一方面,在世界范围内,传统的所有权绝对主义观念也在保护生态环境的大背景下出现松动,并在相当程度上融入了"预防原则"和"可持续发展原则"的要求。

为此,有必要结合保护生态环境的具体需要,对财产权的客体、权能、属性、用益物权、相邻关系以及征收等制度进行完善,强化不动产所有人、使用人保护环境、维护生态的义务。我国《民法总则》第132规定的禁止滥用权利,也要求所有人和使用人不得滥用民事权利,破坏环境和生态,损害社会公共利益。

我们要建设的国家,应当是山清水秀、空气清新、蓝天白云、绿树成荫的美丽家园。我们要建设的小康社会,应当是环境友好、人与自然充分和谐的社会。为了保护好生态环境,为子孙后代留下可持续发展的空间,必须要遵守民法的绿色原则,有效利用资源、保护好环境生态。

本章小结

本章主要是从七个方面来说明民法的基本原则,一是民事权益受法律保护原则;二是平等原则;三是自愿原则;四是公平原则;五是诚实信用原则;六是符合法律和公序良俗原则,七是绿色原则。从这几个方面可以探索民法所具有的基本原则,进而有效地探索与实施。

第三章 民事法律关系主客体研究

民事法律关系研究具有十分重要的意义。本章将从民事法律关系的主体、民事法律关系的客体、民事法律关系变动三个方面来进一步探讨。

第一节 民事法律关系主体

民事法律关系主体,简称民事主体,是指参加民事法律关系,享有民事权利并承担民事义务的人。在我国,民事主体包括自然人、法人和非法人组织,下面我们将一一对这些主体展开论述。

一、自然人

(一)自然人的概念

民事主体是一个特定的法律范畴,是指依照法律规定能够参与民事法律关系,享有民事权利和承担民事义务的人。民事主体是"私法上的权利和义务所归属之主体"[1]。民法上,"人"既包括自然人,也包括法人。所谓自然人,是指依自然规律产生,具有五官百骸,区别于其他动物的人。自然人既是一个生物学意义上的概念,又是一个法律概念。

---

[1] 梁慧星.民商法论丛(第8卷)[M].北京:法律出版社,1997,第155页.

我国《民法通则》第二章规定了自然人的法律地位,但该章标题为公民(自然人),而《民法总则》修改了这一规定,明确以"自然人"作为章名,并且将自然人的民事权利能力、民事行为能力、宣告失踪、宣告死亡等规则都规定在该章中,具有重要意义。本书认为,与《民法通则》的规定相比,《民法总则》采用"自然人"的表述更为科学,因为一方面,"自然人"概念更符合民法的私法特点,公民是公法领域中主体的称谓,它是指具有一国国籍的自然人。而在私法领域中,主体的范畴包括自然人。另一方面,"自然人"概念更有利于彰显民事权利能力平等的理念。采用"自然人"的概念,进一步强调了各个自然人,不分国籍,在权利能力上一律平等,从而为权利能力的平等奠定了基础。[①] 自然人不仅包括本国公民,还包括外国公民和无国籍人,如果在民法中仍然使用公民的概念,则将使我国公民之外的自然人难以获得民法赋予的民事主体资格,从而不能保护这些自然人的民事权利。

(二)自然人的民事权利能力

自然人的民事权利能力是自然人依法享有民事权利和承担民事义务的资格,它是每个自然人平等地享有民事权利、承担民事义务的可能性。民事权利能力,在罗马法中称为"人格",据学者考证,第一次在法律上使用近代意义上的权利能力概念,是学者泽勒所起草的《奥地利民法典》。19世纪中期,萨维尼在其名著《当代罗马法体系》中,区分了权利能力与行为能力的概念。《德国民法典》也采纳了权利能力的概念,并将其视为法律意义上的人的本质属性。权利能力,首先是指人能成为权利的主体的能力。任何社会组织要成为权利主体,必须在民法中被赋予承受法律关系的资格。唯有具有主体资格者,才可以成为权利主体或法律关系的主体。

自然人的民事权利能力的特点如下。

---

① 杨震.民法总则"自然人"立法研究[J].法学家,2016(5).

(1)自然人权利能力具有平等性。自然人的权利能力最突出地表现了平等性的特点。我国《民法总则》第 14 条规定:"自然人的民事权利能力一律平等。"自然人的民事权利能力一律平等,这既是社会主义法治基本原则的具体体现,也是民法调整私法关系的本质要求。它意味着任何自然人,不分性别、民族、出身、职业、职务、文化程度、宗教信仰、政治面貌、财产状况,其民事法律地位一律平等,都可以享有法律所规定的民事权利和承担法律所规定的义务。《民法总则》第 12 条规定:"中华人民共和国领域内的民事活动,适用中华人民共和国法律。法律另有规定的,依照其规定。"因此,外国人和无国籍人在中国领域内从事民事活动,和中国公民一样,享有平等的民事权利能力。但是,给予外国人的这种待遇通常是以该外国人所属国家对等地给予我国公民国民待遇为前提的。

权利能力概念的产生最精确地表达了自然人之间的平等性,但这种平等只是一种抽象的地位或资格的平等,并非指在具体的法律关系当中,当事人之间的具体权利义务上的平等。在例外的情况下,某些主体的权利能力应有所限制,如受破产宣告的人、筹备中的法人、未经许可的外国法人等,有学者将其能力称为相对权利能力。

(2)自然人的民事权利能力具有普遍性。在近现代世界各国民法中,都承认外国人和无国籍人具有民事权利能力。因为如果不承认其具有民事权利能力,则可能影响国际上的民事往来关系。另外,如果外国人和无国籍人不具有民事权利能力,则这些人的生命、健康、身体、财产等基本人权就不能得到保护,这也有违最基本的人权思想。

(3)权利能力具有不可剥夺性。自然人的权利能力始于出生,终于死亡。一个自然人可能因刑事犯罪而被限制自由,但不能因此而剥夺其民事权利能力。自然人的民事权利能力和民事行为能力除依法律规定并经法定程序加以限制和剥夺外,任何人不得限制或剥夺。

(4)权利能力不得转让和抛弃。权利能力既是主体的基础，也是主体的前提条件，它与主体资格是不可分离的，因此，无权利能力之人不可能成为权利主体，也不能从事任何社会经济活动，所以，权利能力是不能够被抛弃或者与主体相分离的。自然人民事权利能力具有与自然人的人身不可分离和不可转让的属性，个人也不得抛弃其权利能力。

(5)自然人的民事权利能力在内容上具有广泛性。自然人的民事权利能力的内容，是指自然人可以享有的各种民事权利的范围。在我国，自然人的民事权利能力不仅具有平等性，而且在内容上具有广泛性，因而其能够依法享有各种人身权利和财产权利。

(三)自然人的民事行为能力

自然人的民事行为能力，是指自然人能够以自己的行为行使民事权利和设定民事义务，并且能够对于自己的违法行为承担民事责任，简言之，是自然人可以独立进行民事活动的能力或资格。

自然人的民事行为能力的特点主要有：(1)独立进行民事活动的能力。人们对自己的行为后果并不是都能认识清楚的，如果许可一切人都可独立地进行活动，势必会对一些缺乏判断能力的人不利，也不能进行公平的交易。因此，法律规定，不具备认识能力的人的行为是无效的，不能发生法律后果。(2)以意思能力为基础。自然人的民事行为能力是公民对自己的行为后果承担责任，使自己的行为发生法律效力的能力。因此，一个人要具备承担自己行为后果的能力，首先应具备认识这种行为的能力，即要以意思能力为基础。(3)法定性。自然人的民事行为能力与人的认识能力有关，但它不是以自然人个人的意思为标准的，也不是"天赋"的，而是由国家法律赋予的。所以除法律规定的情况和依法定程序外，任何人不得剥夺和限制公民的民事行为能力。

(四)自然人的民事责任能力

民事责任能力，简称责任能力，是指因其行为造成他人损害而须负赔偿的能力,包括侵权行为能力与债务不履行能力。与行为能力所要保护的对象系为行为之人不同,责任能力所要保护的对象为受害人而非行为人。故此,责任能力的判断不宜以年龄为标准。侵权行为能力,指行为人不法侵害他人权利,对于受害人所受损害应负赔偿责任的能力;债务不履行能力,指债务人因可归责于自己的事由,以致无法履行所负的债务,造成他人损害所应负责任的资格。前者以侵权人为行为时是否具有识别能力为判断标准,后者系以行为人是否具有识别能力为判断依据。

二、法人

(一)法人的概念

法人是相对于自然人而言的一类民事权利主体。法律上的人与通常所称的人的概念不同,其不限于自然人,还包括法人和非法人组织。早在古罗马时期,人们就已经意识到除自然人之外还有一类主体存在,即社团(Universitas)。"Universitas"是罗马法中团体概念的总称,有时仅用于公共团体法人,即现代西方学者所称的公法人。而从事经济活动一类的团体,罗马法学家常用"societas"或"collegia"一词。但是,罗马法学家并没有提出明确的法人概念。1900年的《德国民法典》承认了法人是一类独立的民事主体[1],但依然没有给出关于法人的一个明确定义。我国《民法总则》第57条规定:"法人是具有民事权利能力和民事行为能力,依法独立享有民事权利和承担民事义务的组织。"这就在法律上确认了法人是独立的民事主体,这一规定揭示了法人的民事主体性和法人的基本特征,具体表现在以下几方面。

1. 独立的名义

所谓"独立的名义",是指法人能够以自己的名义独立地享有

---
[1] 史尚宽.民法总论[M].北京:中国政法大学出版社,2000,第120页.

权利、承担义务,并能在法院起诉应诉。独立的名义也表明法人应当具有民事权利能力和民事行为能力。《民法总则》第58条第2款规定:"法人应当有自己的名称、组织机构、住所、财产或者经费。"法人具有民事权利能力和民事行为能力,表明法人是由民法所规定的主体(人)。法人是社会组织在法律上拥有的地位。应当指出,社会组织的概念并不等于团体的概念。广义的团体除了指多数人的组织以外,还包括一定财产的集合体,狭义的团体仅指多数人的集合。它独立于自然人而存在,所以,法人的成员的死亡、退出,不影响法人的存续。法人所享有的权利也不同于自然人享有的权利。任何人和法人交易时,是和一个组织体交易,而不是和自然人交易。法人具有组织上的统一性,从而极大地降低了交易费用。

2. 独立的财产

所谓独立的财产,是指法人所具有的独立于其投资人以及其他法人成员的财产。独立的财产是法人的特征之一,也是法人成立的基础。有了独立的财产这一基础,法人就能够自由地参与民事活动,享有民事权利以及承担民事义务。法人具有独立的财产也决定了其责任的独立性以及法人成员的有限责任。法人独立的财产区别于法人成员的财产,法人财产的独立性越明确,就越能够防止法人成员及设立人侵害法人的财产。由于法人的财产与出资人的财产分开,所以,在法人内部要实行所有权与经营权分离,建立健全的组织机构。

3. 健全的组织机构

《民法总则》第58条第2款规定,法人应当有自己的组织机构。法人的组织机构是对内管理法人的事务、对外代表法人从事民事活动的机构的总称。它对法人团体意志的形成与实现起着重要的作用。营利法人和非营利法人的组织机构是各不相同的。例如,营利法人应当具有权力机构、执行机构和监督机构,实行决策、执行、监督机构相互独立、权责分明、相互制衡的机制。其他类型的法人也应当具有自己的意思机构和执行机构。

4.独立的责任

《民法总则》第60条规定:"法人以其全部财产独立承担民事责任。"因此,所谓独立的责任,是指法人以自己的全部财产对自己的债务承担责任,法人的成员及设立人仅以其出资或认缴的出资为限对法人债务承担责任。既然法人能够享有权利,就应对自己违反民事义务的行为后果承担责任。除法律另有规定外(如无限责任公司),法人的设立人和法人的成员对法人的债务不负责任。从民事主体制度的发展趋势来看,其早期强调团体的主体地位,即团体只要有权利能力和行为能力,便承认其法人地位,并没有从责任角度来塑造法人制度。但实际上,法人成员承担有限责任才是法人的典型形式,在此种法人组织形式下,其成员的有限责任是法律赋予法人这种团体所享有的一种特权,它也是区分法人和非法人组织的重要特征。

《民法总则》中法人制度一章是民法总则最具有创新点的地方,该章有如下几个特点:一是从中国实际出发,尤其是从中国改革开放的实践出发,体现了鲜明的中国元素,如创造性地规定了法人的分类。二是体现了民商合一的原则。该章规定也吸收了商法的特殊规定,尽可能地涵盖商事特别法如公司法等,在《公司法》等特别商法未规定的情形下,适用本章规定。三是设置了大量的引致条款,尽可能引致到特别规定。因此,准确理解本章的规定需要理解大量的单行法的规定。

(二)法人的民事权利能力

法人的民事权利能力,是指法律赋予法人作为民事权利主体,参加民事法律关系、享有民事权利并承担民事义务的一种资格。从它的本质来说,法人是"法律赋予权利能力的、由人与财产以法律所规定的方式组成的组织"。此处所说的权利能力是民事权利能力,即法人在参与市场经济活动时所应当享有的能力,而不包括法人在行政关系中享有权力(利)和承担义务的资格。若从这个层面来看待的话,法人的能力与政治国家的生活没有什么关系,而与民事活动息息相关,联系较为紧密。

在民事权利能力享有方面,法人同自然人一样,具有同等性,但二者是有区别的,这种区别或说差异性主要体现在以下几方面。

(1)二者民事权利能力获得的方式不一样。一般来说,普遍认为自然人自从出生就获得了民事权利能力,而依据是各国民法均对自然人民事权利能力采取出生主义理论。而法人民事权利能力的取得往往要经过较为严格的法律程序,如机关法人或者事业单位法人往往需要经过行政机关的审判才能够获得民事权利能力。

(2)二者的民事权利内容存在差异性。法人同自然人一样,都享有民事权利,但是法人民事权利内容具有一定的特殊性,它无法享有自然人依其自然属性而享有的某些财产或人身方面的权利,如抚养权、继承权等。再例如,在人身权中,凡与自然人的身体和精神为要素的权利内容,如婚姻自主权等,法人也无法享有。

(3)二者民事权利的相同性与差异性不同。原则上,一般情况下除非法律有明确的相反规定,否则,所有的自然人享有的民事权利都是相同的,所有的自然人均平等地享有生命权、身体权、健康权、名誉权、隐私权以及财产权等。当然,不能排除法律基于某种考虑,例外情况下的差异。如某些国家的法律认为,影视明星、体育明星或者公众人物原则上不享有隐私权或者名誉权等,使他们享有的隐私权、名誉权同一般的社会公众不同。而法人在民法中的民事权利却因法人的性质、章程的规定等存在很大的差异,不同的法人组织享有的民事权利不同。如大学享有的民事权利不同于医院享有的民事权利,房地产公司享有的民事权利不同于汽车生产公司,等等。

(三)法人的民事行为能力

法人的民事行为能力,指的是法人以自己的意思独立进行民事活动,取得权利并承担义务的资格。

法人同自然人一样也享有民事行为能力,但是,法人的民事行为能力与自然人的民事行为能力比较来说是不同的,主要体现在三个方面:(1)法人的民事行为能力和其民事权利能力在时间上是一致的。法人的民事行为能力始于法人成立,终于法人消灭,在法人存续期间始终存在。所以,对于法人来说,有民事权利能力必然有民事行为能力。民事权利能力和民事行为能力同时发生,同时消灭。而公民的民事行为能力受其年龄、健康状态等因素的影响,公民有权利能力不一定有行为能力,权利能力和行为能力的发生在时间上有一定的间隔。(2)法人的民事行为能力和其民事权利能力在范围上是一致的。也就是说,法人能够以自己的行为取得权利和承担义务的范围,不能超出它们的民事权利能力所限定的范围。法人的民事权利能力要受到其性质、目的范围等的限制,法人的民事行为能力同样要受到这些因素的限制。比如,某个咨询公司不具有从事大规模商业活动的民事权利能力,因而它也不具有这种民事行为能力。从这个意义上说,法人的民事权利能力是特殊的权利能力,法人的民事行为能力也是特殊的民事行为能力。当然,法人超越经营范围的行为是否应当宣告无效,在法律上需要分别探讨。(3)法人的民事行为能力是以其不同于单个自然人意思的团体意思为前提的。法人作为一个统一的组织体,有自己的内部机构,能够产生并实现自己的意思,从而决定了法人具有民事行为能力。

(四)法人的民事责任能力

法人的民事责任能力,亦即法人的侵权行为能力与债务不履行能力。凡故意或过失不法侵害他人的权利的,为侵权行为,行为人应负损害赔偿责任。法人有无民事责任能力,也因关于法人本质所采的学说之不同而有差异。按照拟制说,法人是依法律于章程或捐助行为中所订立的目的范围内,可以享有权利和负担义务的权利主体,因侵权行为不属于法人目的范围内的行为,所以法人不可能为侵权行为,因此也无侵权行为能力。另外,代理人只限于承认法律行为的代理,而不承认侵权行为的代理,所以董事不可能代理法人为侵权行为。所谓侵权行为,皆属于董事个人的侵权行为,法人并不具有侵权行为能力。按照实在说,法人是可以借自己的代表机关为民事行为的主体。法人机关的行为成为法人的行为,虽只限于目的范围(经营范围)内的行为,但在完成该目的范围的行为过程中,非仅限于行使合法的行为,偶尔也会像自然人那样发生违法行为。所以,法人的代表机关在执行职务中所发生的侵权行为,就是法人的侵权行为。故而法人有侵权行为能力。《民法总则》第62条规定:"法定代表人因执行职务造成他人损害的,由法人承担民事责任。法人承担民事责任后,依照法律或者法人章程的规定,可以向有过错的法定代表人追偿。"

另外,法人既然为权利("权益")主体,享受权利与负担义务,对其所负债务有不履行情形时,自应负损害赔偿责任,故法人有债务不履行能力。

三、非法人组织

(一)非法人组织的概述

非法人组织(非法人团体),指没有法律人格的社团、财团。我国学者对它所下的定义通常为:不具有法人资格但可以以自己的名义从事活动的组织体。当代各国民法,通常于自然人和法人之外,尚承认存在非法人而具有某种主体性的组织体,德国、日本称为"无权利能力的社团",我国称为"非法人组织"(非法人团体)。《民法总则》第102条规定:非法人组织是不具有法人资格,但是能够依法以自己的名义从事民事活动的组织,包括个人独资企业、合伙企业、不具有法人资格的专业服务机构等。其应当依照法律的规定登记。设立非法人组织,法律、行政法规规定须经有关机关批准的,依照其规定(第103条)。

非法人组织(非法人团体)并无法人资格,关于其法律上的地位,各国采取的办法是准用关于合伙的规定。如《德国民法典》第54条规定:"无权利能力的社团,应适用关于合伙的规定。以此种社团名义对第三人所为的法律行为,由行为人自己负责。行为人有数人时,负连带债务人责任。"德国立法者之所以设立此项不利于无权利能力的社团(非法人团体、非法人组织)的规定,乃在实现一定的政治目的,企图迫使当时具有政治、社会及宗教性质的团体登记为社团法人,以便监督管理。唯此立法上的期待始终未获实现,工会、学生团体、宗教组织仍多拒不登记以取得法人资格。第二次世界大战结束以后,民法关于非法人组织的认识已有重大发展,多数国家的学说、判例均强调非法人团体与合伙的本质上的差异,并承认非法人组织具有权利能力、行为能力及诉讼能力,亦即肯定非法人组织的主体性。非法人组织享有名称权、名誉权(商誉权)及荣誉权。

非法人组织(非法人团体)与合伙的区别主要有如下三点:(1)关于内部构成成员的相互关系。合伙是以合伙合同决定其内部构成成员之间的相互关系,一般不预先规定入伙和退伙的手续;而非法人组织对成员的加入或退出预先设有规定,尤其是个别成员的加入或退出对团体的存续不产生影响。(2)关于事务的执行。原则上合伙事务由全体成员共同执行,经全体合伙人一致同意;非法人组织依章程或依一定程序选任的代表人以团体机关身份执行团体事务。(3)关于是否形成团体意思。合伙并无区别于合伙人意思的团体意思,而非法人组织则形成区别于成员个人意思的团体意思,并有意思机关。

(二)非法人组织的要件

非法人组织的要件包括以下几方面。

第一,非法人组织必须是由多数人组成的人合组织体。非法人组织与社团法人相同,都是人合的社会组织体。

第二,非法人组织必须具有自己的目的。非法人组织与法人一样,须具有自己的目的。在这里说的目的,指的是非法人组织的经营范围,可以是非经济性的,也可以是经济性的。这一点与法人的目的所指的法人的经营范围是相同的。

第三,非法人组织必须有自己的财产或经费。非法人组织与法人一样,都需要有属于自己的财产或经费作为一定的保障基础,但是对于财产或经费的支配权却不同于法人。主要体现为这种财产或经费仅须非法人组织独立支配即可,不要求必须与其成员的财产截然分开而由非法人组织享有所有权。

第四,非法人组织必须设有代表人或管理人。非法人组织要求设有代表人或管理人,但是对其组织的形式却并没有过多的要求,这也是与法人的不同之处。法人,法律要求设立董事会或理事会等机关,且关于董事会或理事会有严格的形式要求。

第五,非法人组织必须以团体的名义为法律行为。在这一点上其与法人并无区别,但却是区别于自然人或一般松散集合体的标志。如果不以团体的名义对外为法律行为,例如属于无须对外为法律行为,或须对外为法律行为,但对外为法律行为时系以其成员个人的名义或以其他团体的名义,亦即不具有对外的独立性,也就没有作为非法人组织而承认其主体性的必要。

(三)非法人组织的分类

《民法总则》第102条第2款规定,非法人组织包括个人独资企业、合伙企业、不具有法人资格的专业服务机构等。但在学理上,又可将非法人组织进行如下分类。

第一,非法人企业。按照我国现行法,全民所有制工业企业无论是否采取公司的形式,皆有法人资格。因而,所谓非企业法人,指全民所有制企业以外的其他所有制性质的企业,如非法人私营企业、非法人合伙企业、非法人外资企业等。

第二,非法人经营体。主要包括个体工商户、农村承包经营户、领取营业执照的个人合伙、领取营业执照的合伙型联营、领取营业执照的企业法人分支机构(包括外国公司的分支机构)、行政单位或企业事业单位开办的不具有法人资格的经营实体、筹建中的公司、企业集团等。

第三,非法人公益团体。主要是不具有法人资格的机关、事业单位和社会团体。

第四,其他如设立中的法人、业主大会、业主委员会大体上也应归入非法人团体(非法人组织)之列。

(四)非法人组织与法人的实质性差别

对于非法人组织以其团体的名义所为的行为,应由何人享受权利、承担义务,现今比较法上的通说认为,应依其行为的性质,适用关于合伙或社团的规定,不能以此种团体于法律上无权利能力而否定其一切法律行为的效力。在我国,非法人组织与法人的实质差别仅在于不具有完全的民事责任能力。概言之,非法人组织不具有独立承担民事责任的能力,当非法人组织不能清偿债务时,应由该非法人组织的设立人或开办单位或上级承担连带责任。《民法总则》第104条规定:"非法人组织的财产不足以清偿债务的,其出资人或者设立人承担无限责任。法律另有规定的,依照其规定。"

第二节 民事法律关系客体

一、客体的含义、特征及意义

(一)含义

民事权利客体,是指民事权利、义务共同指向的对象。狭义上的客体是指在法律上可以支配的对象,人是权利的主体而非权利的客体。广义上的客体是指凡是能够作为权利义务所指向对象的一切人和物,都可称为客体,例如物权的客体是物,而债权的客体则可指向特定人的行为。本书采用狭义上的客体说。

(二)特征

第一,客体既是权利指向的对象,也是义务所指向的对象。从《民法总则》的规定来看,民事权利客体首先是民事权利的指向对象,但由于权利与义务是相对应的,因而,从义务人的角度来看,民事权利客体也是其义务指向的对象。

第二,民事权利客体必须根据不同的法律关系分别确定。虽然学理上将民事法律的客体归纳为物、行为、知识产品等几类,但是考察任何一个法律关系的客体都必须要结合具体的法律关系分别加以判定。

第三,人本身不能成为权利客体,只有和人身相关的利益才可以作为客体。在现代社会,人是不能作为权利客体而成为他人权利的支配对象的。民法中的人身权,也不是以人身为客体,而是以人身利益为客体。至于债权的客体,只是以特定人的行为为客体,也就是债务人所负有的为或不为一定行为的义务,而并非以债务人为客体。

(三)意义

第一,以民事权利客体的不同特征作为设计相关法律规则的依据。民事权利客体是民事法律关系的重要内容,民事权利客体不同,其相关的法律规则也应当存在一定差别,研究不同民事权利客体的特点,有利于准确设计民法总则的规则。例如,将民事权利客体区分为物、行为、智力成果等不同类型,有利于在此基础上设计不同的法律规则。例如,以民事责任为例,以侵害名誉权为例,名誉权的客体是名誉,在名誉权受到侵害的情况下,对受害人的首要补救方式是恢复名誉。而在侵害物权的情形下,主要的责任方式应当是恢复原状、赔偿损失。

第二,有利于准确设计相关的民事权利客体交易规则。民事权利客体的类型不同,交易的法律规则也会存在一定的差别。例如,针对有形财产物权变动的规则,将难以适用于无形财产交易,如知识产权交易、数据交易、网络虚拟财产交易等。因此,研究不同类型的民事权利客体,有利于在此基础上妥当设计民事权利的交易规则。

第三,有利于明确法院的管辖权。民事权利客体会对法院的管辖权具有一定的影响。例如,依据《民事诉讼法》第33条的规定,"因不动产纠纷提起的诉讼,由不动产所在地人民法院管辖"。因此,研究民事权利客体,也有利于准确认定法院的管辖权。

二、客体的主要类型

(一)物

1. 物的含义及特征

(1)含义

物是法律关系的重要客体。物作为权利的客体,必须是存在于人身之外、为人力所能支配而且能够满足人类的某种需要的财产。能够成为民事法律关系客体的物与物理学意义上的物是既有联系又有区别的,它不仅具有物质属性,而且具有法律属性。物主要是物权的客体,《民法总则》第115条规定:"物包括不动产和动产。法律规定权利作为物权客体的,依照其规定。"依据该规定,物权的客体主要包括动产与不动产,但在法律有特别规定的情形下,权利也可以作为物权的客体。

(2)特征

民法上的物具有以下几方面的特征。

第一,物具有非人格性。现代各国民法都禁止任何人对他人的人身享有排他性的权利。人身不是物,但是已从人体分离开的某些部分,如乳汁、血液、头发等,也可以作为物并成为物权的客体。处分人体的某一部分,只要不违反法律和社会公共秩序,仍然是有效的。尸体是已经没有思维和生命现象的肉体,故尸体不是人身,关于尸体能否成为物,有两种不同的看法。本书认为,在符合法律规定和社会公共秩序的情况下,尸体也可以作为物,成为物权的客体。尸体本质上虽属于物,但属于特殊的物,其利用应当受到严格限制。例如,有关医疗单位和研究单位将尸体做成标本以供研究,这些单位自然对尸体享有占有、使用和依法处分的权利。

第二,物必须要能被人力进行支配,并能够成为权利所支配的对象。客观世界的存在物千千万万种,但并不是所有的都能被归为法律范围内,如日月星辰,其虽然是物,但并不能为人力所支配,更无从谈论在其上形成权利,因此,它不能成为民法上所说的物。在现代社会,法律上的物还有一点需要提出注意,那就是应当具有它的归属性,即使是无主物,最终也要找到其归属。

第三,物必须要具有使用价值,能够满足人们生产和生活的某种需要。单纯的对物的支配并不是目的,人们支配物是为了实现人们的某种需要。所以,不能满足人类某种需要的无用的物,不能成为权利的客体。

2. 物的分类

(1)动产和不动产

在民法中,动产与不动产的划分是先决定不动产的,不动产之外的物均可归于动产。所谓不动产,是指依自然性质或者法律规定不可移动的物,包括土地和定着物。土地我们容易理解,那么什么是定着物呢?定着物是指固定且依附于土地上的物,如寺庙的佛塔,各种具有纪念价值的纪念碑,标志性人物的铜像、建筑物等。动产是指除不动产之外在性质上能够移动并且不至于损害其价值的物,如衣服、茶杯、椅子、书桌等。从物权法的发展趋势来看,动产和不动产呈现出相互渗透甚至相互转化的状况。但两者仍然存在明显的区别,表现在:①所有权方面。动产因其类型的多种多样其所有权享有较不动产的享有权范围要更广。②权利的获取方式。动产取得的一些方式如先占、添附、加工、拾得遗失物、发现埋藏物等,一般不适用于不动产。③权利的变动。动产所有权移转以交付为要件,而不动产所有权移转以登记为要件。④他物权的设定。动产之上设立的他物权具有局限性,而在不动产上对他物权可以有多种设定。⑤转让方面。不动产转让,相对来说要严格一些,必须要符合法律规定的一些形式要件,而动产则相对宽松一些,书面形式和口头形式二者皆可,没有过多的形式要件要求。⑥管辖适用方面。不动产适用不动产所在地的特别管辖,动产适用一般的司法管辖。

（2）有体物和无体物

有体物是指除权利以外的一切物质实体,即物理上的物,它不仅包括占有一定空间的有形物（各种固体、液体和气体）,还包括电、热、声、光等自然力或"能"（energies）。无体物指除有体物以外的其他权利和利益,如对股票、票据、债券等的权利,都可以称为无形财产,其实质内容是法律所保护的权利主体的利益。电、天然气等无形物在交易上是可以作为交易对象的,从交易观念出发,可以将其作为有体物对待,许多国家的民法典明确规定电力等自然力为可以支配的物。区分有体物和无体物的主要意义在于,有体物一般受到《物权法》的调整,而无体物中的股票、债券、票据一般由《证券法》《票据法》等法律调整。作品、发明、商标等无形财产权利主要受《知识产权法》调整。

（3）原物与孳息

原物,是指作为主体,依其自然属性或法律关系孳生新物的物。孳息是指原物上产生的收益。孳息分为两种:①天然孳息。天然孳息是指原物因自然规律而产生的,或者按物的用法而收获的物,如果树为原物,其所结的果实就为孳息。天然孳息可以是自然的,也可以是人工的。在这里需要注意的是,人工产生的物必须是自然的,如果受到改造或加工那就不能算作天然孳息,如将自然羊毛做成羊毛大衣,这就不属于天然孳息。一般认为,天然孳息如果实、桑叶等在未与原物分离之前,与原物密切结合在一起,应为非独立物,不能单独成为物权的客体。《物权法》第116条第1款规定:"天然孳息,由所有权人取得;既有所有权人又有用益物权人的,由用益物权人取得。当事人另有约定的,按照约定。"②法定孳息,是指因法律关系由他人使用原物而取得的收益,如出租房屋的租金、借贷的利息。需要说明的是,自己利用财产所得到的收益以及劳务报酬等,不属于法定孳息。《物权法》第116条第2款规定:"法定孳息,当事人有约定的,按照约定取得;没有约定或者约定不明确的,按照交易习惯取得。"

(4)主物和从物

主物是指在两个物中,不依赖于他物而独立存在并发挥功能的物。从物就是不作为主物的组成部分,它是为了发挥主物的经济效用,而与主物同属一人的物。可见,从物具有如下特点:第一,从物并不是主物的组成部分。例如,房屋和栋梁的关系就不是主物和从物的关系。第二,从物是为发挥主物的效用而存在的。第三,从物必须与主物同属一人。如果二物不属于一人,则从物随主物的移转而移转,否则,将会严重损害第三人的利益,而且如果二物不属于一人,则应当充分尊重权利人对物的处分自由,而无须过多考虑二者经济上的辅助关系。当然,从物随主物的移转而移转的规则是一种任意性的规范,因而不能将从物与主物作为集合物对待。

(5)单一物和集合物

单一物是指在形态上能够单独地、个别存在的物,如一件衣服、一本书、一棵树等。集合物是指各个物并不丧失其独立存在的价值,但它们结合成为具有独立价值的一体而成为集合物。集合物可分为两种类型:一是事实上的集合物,如图书馆里所有的书、医院里所有的医疗器械。二是法律上的集合物。法律上的集合物是权利和物的结合,又可以叫作财产,如合伙财产等。

在法律上,对于主物与从物关系的规则集合物不适用。不适用的主要原因是因为集合物中各个物的独立性相对更强,一个物和另一物的结合并不是为辅助其他物的效用而存在的,所以对各个物完全可以单独地支配,在没有特别约定的情况下,不能因为处分某一物而使其他物的所有权也发生移转。

(6)流通物、限制流通物和非流通物

流通物是指依据法律法规的规定,可以在民事主体之间自由流转的物。限制流通物是指根据法律法规的规定,在民事主体之间的流转受有一定限制的物。非流通物是指法律上严格禁止流通的物,例如毒品、枪支弹药、黄色淫秽书刊等。

(7)特定物和种类物

特定物是指具有单独的特征,不能以其他物代替的物,如某幅图画、某个建筑物等。种类物是指具有共同特征,可以用品种、规格或数量等加以度量的物,如某种型号的器械、某种品牌的化妆品等。种类物可以用同类物来代替,但是种类物已经从同类物中分离出来作为权利客体时,也就有了特定化的性质。

(8)可分物和不可分物

可分物是根据物的性质和特点可以进行分割,而且在分割以后不损害物的用途和价值的物,例如大米可以分成若干袋,苹果可以分成若干筐。不可分物是指根据物的性质和特点不能做出分割,或者做出分割会损害其用途和价值的物。例如,牲畜本身是不可分割的,机器设备也是不可分割的。

区分可分物和不可分物的意义主要在于,在共有财产的分割中,如果是可分物,就可以进行实体物分割;如果是不可分物,则只能进行价值分割或者采取折价补偿的方式。

(9)消费物和不可消费物

所谓消费物是指依通常的用途,只有将物耗损、转让才能使用的物,如米面、煤炭等。货币虽然在物质上不能实际消费,但一旦使用就必须转让,实际发生消费的结果,所以也称为消费物。所谓不可消费物是指依通常的用途不耗损物的形体的物。例如,房屋、家具等,正常使用可能发生价值的减少,但其形体不因正常使用而消灭,因此称为不可消费物。两者区分的主要意义在于,消费借贷只能以消费物为标的物,而使用借贷只能以不可消费物为标的物。

(10)替代物和不可替代物

所谓替代物是指以同种类、同数量的物可以相互代替的物,如货币、大米、棉花等。不可替代物是指不可以以同种类、同数量的物相互代替的物,如某画家的油画、祖传的宝物等。两者的主要区别在于:以不可替代物为标的的合同,通常要求实际履行,如果毁损、灭失则发生履行不能而转化为损害赔偿;但对于以可替代物为标的的合同,通常不要求实际履行,可以损害赔偿代替实际履行。

(二)财产

财产与物的关系密切,是指属于某特定人的一切权利和权利关系的总体,包括动产、不动产、债权及其他财产权(如无体财产权)。财产权限于具有财产价值的权利,亦即在通常情形下可变价为货币的权利,性质上为一种"权利集合体"。

民法上的财产指积极财产(一般的有形财产与无形财产均为积极财产,广义的财产还包括人的信用、能力等无形资产),不包括消极财产(义务、债务);至于纯粹的人格权和身份权,则不属于财产的范围。债务人的总财产为全体债权人债权的总担保,债务人对于所负债务,须以其个人财产供其债务的清偿,是为债务人的责任财产,亦即所谓完全责任。也就是说,"负担债务的人,以其现在所有及将来取得的一切动产、不动产等,负履行其债务的责任"(《法国民法典》第 2092 条);"债务人的财产为其全体债权人的共同担保。因此,其财产的价金应依债权人债权额分配之,但债权人中如基于合法原因有优先受偿的权利存在时,不在此限"(《法国民法典》第 2093 条)。应注意的是,债务人的财产虽具有财产价值,但不能成为强制执行的标的(如禁止查封的动产、禁止执行的债权)的,即非属于债务人的责任财产。例外的情形,债务人仅以其部分财产对债权人负责,此即有限责任。例如被继承人死亡时,继承人就被继承人所负的债务,仅以因继承所得财产为限负清偿责任。第三人以其特定财产供债权人设定抵押权等担保物权,以担保债务人的债务时,第三人并非债务人,债权人对该第三人(物上保证人),仅得就该供担保的特定财产受清偿,此即物之有限责任。

需要说明的是,在某些场合,"财产"一语也用来兼括积极财产和消极财产,如失踪人的财产(《民法总则》第42条)、继承财产(即除法律另有规定外,继承人自继承开始时,承受被继承人财产上的一切权利、义务,但权利、义务专属于被继承人本身的除外)。

(三)行为

法律上所指的行为,是指人有意识的活动。行为在民事法律关系中是另一个重要客体。例如,债权关系本质上是特定人之间请求为一定行为或不为一定行为的关系,所以债权的客体都是行为。这种行为就表现为债务人所应当做出的行为或不行为。

当然,债权中也涉及物,例如买卖中有标的物。但是债权的客体直接指向的是债务人的行为,而间接涉及物。任何债的关系中的债务人的给付行为都不可或缺,但间接涉及物则只是一部分而不是全部的债的关系。而且,即便债权涉及物,物也不是债权的客体,例如,在买卖合同中,债权人只能请求债务人交付标的物,而不能直接支配标的物。

(四)标的

权利标的指受权利主体支配的各种权利的对象或内容,故也可称为"权利的客体"。怎样的东西才能成为权利的客体,系因权利的种类而不同。例如,(1)以所有权为首的物权的对象(客体)是物。(2)债权的对象(客体)是人的行为,不过在债权的场合,经由"人的行为",间接地也对物予以支配(例如买受人的买卖标的物交付债权等)。在现今法制度下,权利的对象更加广泛。(3)人格权是以权利人自身的人格乃至其享有(享受)的生活利益为对象。(4)无体财产权(特许权、著作权等),是以精神的产物等为客体。(5)比较法譬如日本法上的企业担保权,是以构成企业的"物""债权"等的财产的集合体为对象。

概言之,在当今民法上,亲属权的标的是支配与权利人有一定亲属关系的自然人,故其客体为对该自然人的支配;知识产权的标的是权利人直接支配其精神的产物,故其客体为对该精神产物的支配;债权是特定人请求特定人为特定行为的权利,请求及受领特定人的特定给付行为,即为债权的内容,属于债权的标的,故债权的客体为特定债务人的行为,但特定债务人的行为不得作为权利客体;人格权的标的是直接支配权利人本人的人格的利益,故其客体为对权利主体本人的支配。

第三节 民事法律关系变动

民事法律关系是由民法确认规范和调整的社会关系,对其研究具有重要意义。民事法律关系的概念和特征是什么、它在民法体系构建中的关系是怎样变动以及变动的原因是本节主要探讨的问题。

一、民事法律关系的概念及特征

(一)民事法律关系的概念

民事法律关系是全部法律关系中的一种重要类型,是具体民事主体之间发生的、符合民法规定(由民法所规范)的,具有民事权利、民事义务内容的民事关系。针对这一概念,以下几点需要说明。

第三章 民事法律关系主客体研究

第一,民事法律关系是由民法所规范的民事关系,仅受道德或习惯规范者,非属于民事法律关系。例如,婚姻为一种民事法律关系,继承亦复如是。甲与乙约定轮流开车一起上班,属于合同而为民事法律关系;但搭乘便车的约定,则为好意施惠关系,不成立合同。

第二,民事法律关系存在于人与人之间。例如,买卖是一种民事法律关系,存在于出卖人与买受人之间;婚姻存在于配偶之间;赠与存在于赠与人与受赠人之间;所有权也是一种民事法律关系,其权利人(权利主体)为所有权人,义务人(义务主体)为除所有权人以外的天下的一切人。

第三,民事法律关系以一定的民事权利和民事义务为内容。每个民事法律关系至少须以一个权利为其要素,或为物权,或为债权,或为知识产权,或为人身权,在某些情况下为特定的利益。另外,基于当事人的约定或规定,民事法律关系还可包括其他权利,如解除合同、追认合同等形成权。

民事义务与民事权利相对,指法律上的当为,包括作为和不作为。民法尽管为权利法,多从民事权利角度规定民事法律关系,但也有从民事义务方面加以规定的。民法借助于民事责任(如损害赔偿)或强制执行,保障民事权利的实现和民事义务的履行。

须提及的是,民法上还有所谓的"不真正义务"或"间接义务",即当事人应为一定行为而不为时,法律即对之谋予某种不利益。其在保险法上最为常见,如在财产保险合同有效期内,保险标的危险程度增加的,被保险人按照合同约定应当及时通知保险人。另外,民法上也有不真正义务,如减轻损害的义务,如《民法通则》第114条、《合同法》第119条及第370条等均属之。违反不真正义务时,仅发生减免赔偿金额的不利益,不产生损害赔偿责任问题。

民事法律关系具有普遍性,此点无论在古代还是在当代,在中国还是在外国,莫不皆然。社会生活中的人,无时无刻不处在民事法律关系中。一个人只要不触犯刑律,就可能终生不涉及刑法,但却不可能于一生中不涉及民事法律关系。例如,一个自然人为了生存就得保有财产,因此发生物权关系、债权关系抑或知识产权关系;一个企业,从登记成立到宣布解散,要获取原材料、机器设备或销售产品,须同其他企业或自然人发生买卖关系,建筑厂房时须同建筑公司发生建筑工程承包关系,与他人进行联合经营活动时则发生合伙关系;一个人达到法定结婚年龄后与他人结婚,发生婚姻(身份)法律关系;一个人死亡后留下遗嘱处理自己的财产,发生遗嘱继承法律关系,等等。这些关系均为民事法律关系。民法正是通过为自然人、法人设定民事权利、民事义务,使之具有民事法律关系的法律形式,并运用国家强制力——民事责任——保障民事权利和民事义务的实现,以达到调整社会关系的目的。

民事法律关系,是民法调整平等主体之间的财产关系和人身关系的结果,是平等主体之间的财产关系与人身关系和民事法律形式相结合的产物,本质上属于受到民法保护的民事关系。民法调整财产支配关系产生的物权关系,调整物权交易产生的债权债务关系,调整人格和身份关系产生的人身权关系,等等,这些都属于民事法律关系的范畴,包含于法律关系内。

这里需要注意的一点是,民事法律关系与民事关系是两个不同的概念,后者为前者的上位概念,并不是所有的民事关系都是民事法律关系。违反合同义务(违约责任关系)与侵权行为关系是民事关系的一种,但它不能认定是民事法律关系。民法只是对那些认为值得保护的民事关系加以保护,其结果也就在民法上形成了一系列由民法规范构成的民事权利、民事义务。从民事权利的角度来看,即包括物权、知识产权、人身权及债权,等等。总而言之,民事法律关系,是一种民法上的权利义务关系。一般的友谊关系、情谊关系虽被认为也有某种"权利义务",但它们不是民法上的权利义务关系,因此不能归为民事法律关系。

(二)民事法律关系的特征

1. 民事法律关系是民法所调整的社会关系在法律上的表现

人们在社会生活中会形成各种社会关系,各种社会关系分别由不同的法律部门调整,由此形成了不同的法律关系。而民法在调整平等主体之间的财产关系和人身关系的过程中,形成了民事法律关系,并使原来的社会关系的内容表现为法律上的权利义务关系。

民事法律关系是民法调整的结果。民事法律关系与现实生活中存在的由民法所调整的社会关系并不是两个关系,而是一个关系。法律调整社会关系只是赋予当事人权利和义务,使之成为权利义务关系。不能把民事法律关系理解为是一种独立于民法的调整对象以外的社会关系。

2. 民事法律关系是人与人之间的权利义务关系

民事法律关系同法律关系一样,是"人与人之间的法律纽带"。民事法律关系作为一种权利义务关系,实质上是发生在民事主体之间的社会关系。即使是人格权关系,也是人与人之间的关系,不是人对自身的关系。民事法律关系虽然在许多情况下要与物发生直接的联系,但是它并不是人与物、人与自然界的关系,而是通过物所发生的人与人之间的关系。明确民事法律关系为人与人之间的关系,对于正确适用民法具有重要意义。

3. 民事法律关系具有平等性

民法调整社会关系的特点首先在于其平等性,民事法律关系就是平等主体之间的财产关系和人身关系在法律上的表现,因此,在这种关系中,不仅当事人在法律地位上是平等的,而且许多法律关系中当事人的权利、义务具有对等性和相应性,一方的权利即是另一方的义务,一方的义务即是另一方的权利。

4.民事法律关系具有一定程度的任意性

民事主体参与的各种社会关系大都体现其私人利益,所以法律赋予民事主体较大的自治权,因此民事法律关系具有较强的任意性。表现在:第一,发生上的任意性,即许多民事法律关系由当事人意思自治的方法产生;第二,变更上的任意性,即许多民事法律关系允许当事人协商变更;第三,消灭上的任意性,即许多民事法律关系也允许当事人通过意思自治的方法消灭;第四,内容上的任意性,民事法律关系的内容大多是由当事人的意思决定,当事人的约定优先于法律规定,只要不违反国家强行性法律和公序良俗,当事人可以依法协商自由确定其权利义务内容。

二、民事法律关系的变动以及变动的原因

(一)民事法律关系的变动

与世间万事万物处于永恒的变动中——万有无常——一样,民事法律关系也有变动。民事法律关系的变动,如从民事权利的变动的角度看,即是民事权利的取得、发生、变更和消灭;从民事权利的取得、丧失、变更的角度看,即是民事权利的得(取得)、丧(丧失)及变更。

1.民事权利的发生(取得)

民事权利的发生,亦称民事权利的取得,包括绝对发生和相对发生;相应地,民事权利的取得则包括原始取得和继受取得,其中继受取得又称为传来取得。《民法总则》第129条规定:"民事权利可以依据民事法律行为、事实行为、法律规定的事件或者法律规定的其他方式取得。"

继受取得包括特定继受取得与概括继受取得。特定继受取得指就他人财产中的特定物而取得,例如基于买卖关系而取得买

卖标的物即属之。其取得的方式,包括权利的设定(设立)、让与或移转。法律常因权利种类的不同而规定有不同的移转要件,例如不动产物权的移转应以书面并经登记为之,动产物权的移转应以书面或口头并以交付为之。概括继受取得,即概括继受,指就他人的财产全部取得,例如因继承关系而取得、法人因合并而取得皆属之。[①]

2. 民事权利的变更

民事权利的变更包括因主体变更而变更和因客体变更而变更。前者指民事权利与其主体分离而归属于另一主体,从分离的主体而言,是权利的相对消灭,自受归属的一方而言,是权利的继受取得(传来取得)。后者指民事权利于量和质上有所变动。例如,买受人请求交付房屋及移转房屋所有权的债权,因可归责于出卖人以致给付不能,转变为损害赔偿之债。权利内容(质)上虽有所改变,但其为原权利的延续,故其担保与消灭时效均不受影响。

3. 民事权利的消灭

民事权利的消灭,指权利与其主体分离,包括绝对消灭与相对消灭;前者指权利因灭失而不存在,例如房屋因失火而全毁;后者指权利虽与其主体分离,但并未灭失,而是归属于其他主体,亦即权利发生移转,就归属的主体而言,是权利的特定继受取得。应注意的是,权利消灭后,有时可因此发生其他权利以为代替。例如,房屋因失火而灭失,但因灭失所取得的保险金或赔偿金则为该房屋的代替物。《物权法》第174条规定,"担保期间,担保财产毁损、灭失或者被征收等,担保物权人可以就获得的保险金、赔偿金或者补偿金等优先受偿。被担保债权的履行期未届满的,也可以提存该保险金、赔偿金或者补偿金等",即在明揭斯旨。

---

① 郑冠宇.民法总则[M].北京:瑞兴图书股份有限公司,2014,第189页.

(二)民事法律关系变动的原因

引起民事法律关系变动的原因为法律事实,而所谓法律事实,指能够引起民事法律关系发生、变更、消灭的客观情况,包括自然事实和人的行为。其中,自然事实又包括状态和事件,状态即抽象的自然状态,如人的下落不明、成年、精神失常、对物继续占有、权利继续不行使、战争状态、封锁禁运、善意、恶意等都属于这一类;事件指具体的自然事实,如人的出生、死亡、自然灾害的发生、战争爆发、发生动乱或罢工、果实自落于邻地等。人的行为,指人有意识的活动,包括合法行为、违法行为和其他行为。

1. 合法行为

合法行为是指符合民法规定,或至少不违反民法规定,能引起民事法律关系发生、变更或消灭的行为,具体如下。

(1)法律行为

它是最常见、最重要的法律事实。在德国和台湾地区民法上,法律行为因其所欲发生效果的不同,又分为债权行为(如买卖、保证)与物权行为(如移转所有权和设定抵押权)、亲属行为(如结婚、收养)与继承行为(如抛弃继承)。

(2)准法律行为

准法律行为是指虽有将内心的意思表达于外的行为,但却并未如法律行为般,得根据当事人的意思而发生私法上的效果。其法律效果的发生是出于法律本身的规定,而不论当事人内心的意思如何,是否知悉或期望会有此效果发生;仅须有此表示,就当然发生特定法律效果,当事人事后不得以不知法律规定为由,主张其表示不发生法律效力。准法律行为包含有意、知、情的表示,可区分为意思通知(意)、观念通知(知)与感情表示(情)。

①意思通知。意思通知指行为人表示一定期望的行为,特别是期待受意人为一定行为或不为一定行为。如债权人对债务人给付迟延的催告,乃请求对方为给付行为的意思通知。

②观念通知。观念通知指行为人表示对一定事实的观念或认识的行为。例如,消灭时效因承认而中断,所谓承认,是指因时效而受利益的债务人向债权人表示认可其请求权存在的观念通知。再如,债权人将其债权让与的事实通知债务人,乃使债务人知有债权移转的事实,以免误向原债权人清偿的观念通知。

③感情表示。感情表示指表意人表示一定感情的行为,其所为的表示而发生的法律效果,究竟是否与其本意相当,并不重要,仅须有此表示,就当然发生此种法律效果。例如,赠与人对受赠人所为符合撤销赠与条件的忘恩负义行为而为宥恕表示的,丧失其撤销权;夫妻的一方对他方的通奸行为表示宥恕的,不得请求离婚;被继承人对继承人符合丧失继承权条件的行为表示宽恕等。

上述三类行为,法律行为有关意思表示的方式、行为人的行为能力、意思表示的生效时间、意思表示的解释、代理的规定等,原则上均可类推适用,但仍有下列特殊情形应予注意。

①行为能力。意思通知与观念通知所发生的法律效果虽不以行为人是否有此意思(效果意思)为必要,但行为人均确切明白其所为的表示具有法律上的意义。因此,对于该法律效果的发生,应要求行为人具有辨识其行为具有法律上的意义及效果的能力,亦即须具有行为能力。感情表示仅须行为人具有意思能力即可,而无须具有行为能力。

②意思表示的瑕疵。第一,观念通知。原则上,观念通知以事实的存在为法律效果发生的要件的,如承诺迟到的通知、受让人的债权让与通知、提存的通知或买卖标的物瑕疵的通知等,若通知的内容与事实不符,无论当事人为通知时是出于健全或不健全的意思(例如被欺诈或被胁迫),该观念通知均不能发生效力,更无须对之为撤销。但若不以被通知的事实存在为法律效果发生的要件,即使事实上不存在也有其他法定效力发生的,如代理权授予通知,让与人对债务人为债权让与的通知,是在未有授权或让与的事实下所为的通知,仍可能在符合表见代理及表见让与

的相关规定时发生法律效力。此时,其通知若是出于被欺诈、被胁迫或出于错误,应类推适用关于意思表示瑕疵的规则,撤销其观念通知。第二,感情表示。意思表示的瑕疵,除通谋虚伪表示由于是属双方行为而与感情表示性质上不相当外,其余均得类推适用。例如,虽以单独虚伪表示的方式为宥恕,仍具效力;除因错误、被欺诈或被胁迫而为宥恕表示的外,也得就其瑕疵的表示而为撤销。

③条件与期限。条件与期限的规定,涉及法律行为的效力,是专就法律行为而设,须以行为人的效果意思为依据,性质上与准法律行为不同,故不得类推适用。

(3)事实行为

事实行为又称非表示行为,它是无关心理状态的行为。例如无主物的先占、拾得遗失物、发现埋藏物、负荷、混合、加工,合法建造、拆除房屋,制造飞机、船舶、机动车、机器、家具、工具以及创作艺术作品等。事实行为不涉及行为人的内心意思表示,与法律行为的性质完全不同,故其不适用关于意思表示的规定,关于民事行为能力、法律行为的规定对其无类推适用的余地。

2. 违法行为

违法行为,指违反民法规定,侵犯他人合法权益,应承担民事责任的行为。其最主要者,是侵权行为和债务不履行。

3. 其他行为

其他行为,指作为法律事实的人的行为中,除合法行为、违法行为之外的行为,如防卫过当、避险过当。

本章小结

本章主要是关于民事法律关系主客体的研究,主要从民事法律关系主体、民事法律关系客体、民事法律关系变动三个方面展开的论述。在民事法律关系主体中研究了自然人、法人的基本概念以及它们的民事权利能力、民事行为能力、民事责任能力,还研究了一些非法人组织的知识,如它的概念、要件、分类等,并就实质性的差别与法人进行了对比。在民事法律关系客体中对客体的含义、特征、意义和它的主要类型进行了阐述。民事法律关系变动一节在阐述完民事法律关系的一些基本概念、特征后分析了民事法律关系的变动以及变动的原因。

第四章 物权研究

我们每一个人在生活、生产的方方面面,都与《物权法》和物权息息相关、密不可分。本章围绕物权的相关内容进行深入研究,对于维护社会主义基本经济制度、完善社会主义市场经济体制具有重要意义,也与人民群众的根本利益息息相关。

第一节 物权的概念和类型

一、物权的概念

物权是权利主体所具有的一种权利,能够对特定的财产进行支配,既具有人对物直接进行支配的具体内容,同时又具有对抗议主体以外的第三人的相关效力。

因此,作为一个具体的法律范畴而言,物权实际上是指权利人依法对特定的物享有一种能够进行直接支配和排他的权利,包括所有权、用益物权和担保物权(《民法总则》第114条第2款)。

二、物权的类型

(一)物权的种类

基于物权法定主义所具有的具体原则,各国民法都有针对性地进行了相关规定。由于各国的社会经济制度和历史文化传统各自有各自的特色,因而对于民法上规定的物权种类也是参差不齐,但是总体来说,可以具体归纳为所有权、用益物权、担保物权和占有四类。我国的《物权法》也明确对这四种类型进行了规定。

1. 所有权

这种权利具体是指所有人在法律规定的范围内对其所有物进行一个独占性的支配权利。《物权法》第39条规定:"所有权人对自己的不动产或者动产,依法享有占有、使用、收益和处分的权利。"

所有权是一种最完整、最充分的物权。为了能够让物所拥有的效用得到充分性的发挥,可以进一步把其他的物权从所有权中逐步分离、派生、引申出来。《物权法》第40条明确规定:"所有权人有权在自己的不动产或者动产上设立用益物权和担保物权。用益物权人、担保物权人行使权利,不得损害所有权人的权益。"

2. 用益物权

主要是在一定范围内对他人的物进行相关使用、收益的一种权利。《物权法》第117条规定:"用益物权人对他人所有的不动产或者动产,依法享有占有、使用和收益的权利。"

3. 担保物权

为了能够使担保债权顺利进行履行,有针对性地在债务人或第三人的特定财产上设定一种物权。《物权法》第170条明确规定:"担保物权人在债务人不履行到期债务或者发生当事人约定的实现担保物权的情形,依法享有就担保财产优先受偿的权利,但法律另有规定的除外。"

4. 占有

占有,顾名思义就是对物在一定程度上所进行的控制、占领。

进一步来说，占有究竟属于一种单纯的事实，还是一种较为明确的权利，各国并没有一致的立法。

有的国家会认为占有其实是一种权利，如《日本民法典》在第2编物权的第2章中对占有权进行了专门的规定。该法第180条规定："占有权，因以为自己的意思，事实上支配物而取得。"还有的国家则认为占有是应该受到法律保护的一种事实状态，如《德国民法典》在第3编物权法的第2章占有的规定。我国《物权法》第5编规定的是占有，而不是占有权。

（二）民法学上物权的分类

1. 自物权与他物权

自物权，就是权利人能够对自己所拥有的物进行享有的权利。之所以称作自物权，是因为与他人之物并没有关联性。

而他物权相对于自物权而言，主要是指对他人所拥有的物享有的一种权利，其具体内容是在占有、使用、收益或者处分某一方面对他人之物所进行的一种支配。

2. 动产物权与不动产物权

区分动产与不动产主要根据物权具有的客体分类。通常来说，不动产所有权、建设用地使用权、不动产抵押权等属于不动产物权，而动产所有权、动产质权、留置权则属于动产物权。

3. 主物权和从物权

主物权是指能够独立存在的一种物权，如所有权、建设用地使用权就属于主物权。

从物权则是指离不开对其他权利的一种依附进而存在的物权。如抵押权、质权、留置权都属于从物权，这些权利并不是随意设定的，主要是为了进一步担保债权顺利履行而设定的。

4. 所有权与限制物权

所有权主要是针对标的物所进行的一种全面支配的物权,而限制物权则主要是在一些特定方面对标的物进行支配的物权。

限制物权与所有权相比较而言,具体指的就是所有权以外的其他物权。由于所有权是一种在全面关系上对物的权利进行一定程度的支配,因此具有完全的支配权利。而其他物权则是在他人之物上所有针对性的设定的权利,只是在某些方面对物的权利进行特定的支配,因此并没有完全的支配权。

5. 民法上的物权与特别法上的物权

民法上的物权具体是指在民法典中有过明确规定的具体物权,而我国由于目前来说还没有民法典,所以《物权法》上的物权实际就指的是民法上的物权。

而特别法上的物权则主要是对土地法、海商法等特别法所规定的相关物权。

6. 本权与占有

在《日本民法典》中,占有一直以来都被认为是一种能够基于实际情况而进行相关支配的物权。对于其他国家而言,大多数都认为占有其实是一种法律事实,也就是对物的一种实际性的控制。

严格来说,占有主要是以对物的实际控制、占领为根本性依据,因此不论是占有人在法律上有没有对物进行支配的权利,都是可以成立的。占有人通过占有制度,在事实上对物予以控制,并在法律上能够明确享有排除受到他人妨害其占有的权利以及其他效力。

本权和占有是一个具有相对性的状态。所谓的本权,就是除了拥有对标的物能够进行事实上的控制力之外,而且有明确的权利。除了占有事实以外的所有权、建设用地使用权、地役权、质权等,都是本权。

第二节 物权的变动和保护

一、物权的变动概念

物权变动,其实并不难理解,换个角度来讲,就是物权在某种程度上出现了产生、变更和消灭的总称。由于物权具有的法律关系拥有一定的特性,所以,那些不特定的义务人仅负有不非法干涉物权行使的不作为义务。

二、物权的变动原则

(一)公示原则

公示原则,要求物权出现相关变动的时候,不论产生、变更或是消灭,都必须以一种明确的方式表现出来,而且这种方式能够进行查询核实。否则,由于物权自身具有一种排他的性质,如果不采用公示的方式表现物权有所变动,那么期间就会出现一系列不可避免的麻烦,很有可能会给第三人带来难以预测的损害,同时,在进行相关交易的过程中也会存在很大的安全隐患。

因此,民法对于物权的相关变动,有如下规定:"登记"用来表示不动产物权的一个公示方法,"交付"则用来表示动产物权的一个公示方法。

由于有时候物权出现变动具有不同的法律事实性质,所以公示原则也会具有不同的层面。在对各国的立法例进行相关考察后,就会发现之所以对不动产的物权变动以登记的具体公示方法进行,这主要是开始于相应的抵押权制度。

对不动产实行具体的登记制度,虽然会在很大程度上受到来自地域的相关限制,关于所记载的一些有关内容也不能完全确定,更由于处于现代社会商品经济的快速发展时代背景下,物权的频繁变动更是时有发生,且范围也会变得越来越广,进一步实行登记制度未必就能充分起到公示不动产物权出现变动的一个较为具体明确的作用。但是,即便如此,只要对物权变动进行了相关登记,还是有一定的好处,人们最起码可以通过相关的登记制度而进一步了解到物权出现变动的一个具体事实情况,而且从某种角度上来说,不动产登记制度会在很大程度上起到保护不动产交易安全的作用。

(二)公信原则

由于对物权进行的相关变动总是以登记或者交付为具体的公示方法进行,那么当事人如果十分信赖这种公示方法,即使在进行登记或者交付过程中所表现的一系列物权状态与真实的物权状态存在不相符合的地方,对于物权出现变动的效力也不会形成一种很大的影响。

针对物权出现的相关变动应该从真正意义上如实地贯彻公信原则,这么做就是为了使具体执行的行为人可以在最大限度上信赖登记与占有所公示的一种具体物权状态,在进行交易的相关过程中,不必对其实际权利的状况有所担心。

由此可见,设立相关的公信原则主要目的还是为了能够保证交易安全地进行,但即便如此,也会在一定程度上使真正权利享有人的具体利益得以削弱,这是法律从促进社会经济发展以及在权利人的个人利益与社会利益之间进行均衡、选择的一种结果。

三、物权的保护

(一)请求确认物权

如果在关于财产的具体归属、内容问题发生争议时,与此相关的当事人可以向法院提起相关诉讼,请求法院的协助进一步对物权进行明确的确认。要求确认具体的物权,只能由当事人向法院提出,并通过民事诉讼程序进行解决。

我国《物权法》第 33 条规定:"因物权的归属、内容发生争议的,利害关系人可以请求确认权利。"我国司法进行相关实践过程中,一般都是对所有权的归属予以确定之后,然后在此基础上再根据所有权的确认,按所有权被侵犯的具体程度和情况,依法采取其他一系列的保护方法。

对于物权而言,作为一种支配权,在其支配范围不明确、支配地位存在一定争议的时候,物权人当然有权请求法院进一步确认其具有的权利。这是物权作为支配权的应有之义。在民事诉讼过程中,确认物权是确认诉讼的一项非常重要的内容。我国物权法将重点确认物权作为物权保护的一种独立的方法明确予以规定,对于物权的保护具有重要的意义。

(二)请求修理、重作、更换或者恢复原状

《物权法》第 36 条规定:"造成不动产或者动产毁损的,权利人可以请求修理、重作、更换或者恢复原状。"

恢复原状,其实就是让某个事物回到之前的一个状态。一般来说,具体是指通过相应的修理或是其他合理的方法使财产在价值和使用价值上恢复到财产没有受到损害前的一个具体完整的状态。

这种观点从一定意义上来讲,并不是很完整,因而具有相对的片面性。这主要是因为,虽然民法上规定的物大部分能够用金钱进行衡量,但是,也有一部分物的价值是难以通过金钱进行衡量的。

因此,需要在此强调:如果受到一定程度损坏的财产从客观角度上来看,具有恢复原状的可能,所有人对于财产的恢复原状有特殊利益(如纪念意义),并且所有人要求恢复到之前的原状,进行侵害人就应当对其财产的原状进行最大限度的恢复,不能只片面地强调经济上的合理性。

第三节 所有权

一、所有权的概念与特征

(一)所有权的概念

在人们看来,他们意识中的所有权其实是指一切属于人们能够对财产进行控制的权利,既包括有体物又包括无体物,总之,这些都归自己所有。但是,在法律观念中,严格来说所有权具体是指对于有体物的一种具体的所有权。将所有权的客体原则限于有体物,在立法技术上较为科学,在法理上较为严谨。这是所有权与知识产权、债权等其他财产权相区别的最基本的界限。

所有权属于物权的一种,是所有人在法律规定的范围内,能够合理对属于自己的特定物进行全面支配和排他的一种权利。

(二)所有权的特征

1. 所有权是绝对权

所有权属于主动行为,只要他人不加以干预,这种权力就能够在一定程度上得以实现。所有权关系的义务主体就是除了所有权人以外的一切人,不对其权利进行非法干涉是一切人所负责的义务,这是一种具体特定的不作为的义务。

2. 所有权具有排他性

所有权具有的一个典型性质就是具有排他性。这个性质对于所有权人而言,可以拥有一定的权力把他人在其行使权利过程中施加的干涉进行排除,并且同一物上也只能有一个所有权,不存在两个以上的所有权。

当然,所有权所具有的排他性也并不是处于一种绝对的状态,现代各国的法律对所有权的限制都有不同的程度。

3. 所有权是最完全的物权

所有权具体是指所有人对于其所拥有的所有物进行的整体支配,物权包括对物的占有、使用、收益。同时还包括对物所进行的一个最终处分权。所有权作为一种最完全的物权,是他物权的一个主要源泉。

4. 所有权具有永久性

所有权所具有的永久性,具体指在所有权存续期间,并不能对其存在进行随意性的预定。

二、所有权的内容

(一)占有

所谓的占有,就是所有权人对于财产实际情况所进行的一个具体占领和控制。例如,所有人对于自己所拥有的房屋、家具、生活用品的占有,企业对于厂房、机器的占有等。

(二)使用

依照物自身所具有的相关性能和主要用途进行运用,这个运用过程并不会对物造成一定的损毁或是对其具有的性质有所变更。使用在很大程度上而言,主要是为了实现物本身所具有的使用价值,进而使人们的具体需要得到相应的满足。

(三)收益

收益就是把所有具有利益的物集聚在一起,这里的收益具体包括孳息和利润。

(1)孳息,主要包括两种,一种是法定的孳息,另一种是自然的孳息。

(2)利润,则是把物进一步投入到社会生产过程、流通过程中,在运作中获得相关利益。

(四)处分

一般而言,处分具体有两种类型,包括事实上的处分和法律上的处分。

(1)事实上的处分,就是在从事相关的生产或生活过程中变更或是消灭物所具有的物质形态。

(2)法律上的处分,则是指依照所有人的相关意志,通过某种民事法律行为处理物。

三、所有权的类型概述

(一)国家所有权、集体所有权与私人所有权

在社会主义初级阶段,我国一直都在坚持以公有制为主体、多种所有制经济共同发展的基本经济制度(《宪法》第6条,《物权法》第3条第1款)。根据马克思主义关于经济基础与上层建筑的相关原理,能够清楚地知道经济基础决定上层建筑,而所有制的性质则能够在一定程度上决定所有权制度的具体性质。

根据当前的形势来看,我国主要包括三种所有制,分别是全民所有制、集体所有制和私人所有制,具体地反映在法律上,就是《物权法》中明确对国家所有权、集体所有权和私人所有权进行的具体规定。这是以所有制为主要标准所明确进行规定的具有一定针对性的三种类型所有权。

(二)自然人所有权、法人所有权与共有

我国一直以来都实行的是一种社会主义市场经济的制度,这

种制度最大的优点就是能使市场主体的平等法律地位和发展的权利得到更为切实的保障。在民法上,市场主体主要表现为一种民事主体。根据《民法总则》的相关规定,自然人、法人和非法人组织都属于民事主体。

其中,非法人组织具体指的是合伙。对于民法而言,《物权法》是其中的一个重要组成部分,而所谓的民事主体实际上就是物权主体。如果把民事主体作为一个具体的区分标准的话,那么可以进一步将所有权划分为成自然人所有权、法人所有权与共有三种类型。"民法的所有权,可具体分为两类,一种是单独所有权,一种则是共有。"

在这里,自然人所有权与法人所有权总体上都属于一种单独的所有权。这一分类具有较为普遍的适用性,除了非法律另有的规定以外,一般而言比较适用于物权法的各条规定。

(三)动产所有权、不动产所有权

1. 动产所有权

动产所有权是以动产为其标的物,它是所有人独占性地支配其所有的动产的权利,所有人在法律规定的范围内有权对其所有的动产占有、使用、收益、处分,并可排除他人的干涉。而所谓动产,是指性质上不许破坏、变更而能够移动其位置的财产。

动产的范围很广,土地及其定着物之外的财产,都是动产。与不动产所有权相比较,法律对其内容和行使限制较少,即是说所有人有更为充分的支配权。

动产具有移动性,且种类繁多,其所有权有较多的取得方法是其特点。

另外,一些特殊类型的动产,如有价证券、货币,其内容和行使也与其他财产不同,这些都是动产所有权的特殊问题。

2. 不动产所有权

不动产是性质上不能移动其位置,若非经破坏变更则不能移动其位置的物。不动产一般指土地及其定着物。不动产所有权是以不动产为其标的物,其效力以及不动产的部分、形式在法律上有哪些限制,是为不动产所有权的特殊问题。不动产所有权主要是土地所有权和房屋所有权。

第四节 用益物权

一、用益物权的概念与特征

(一)用益物权的概念

用益物权就是对他人所有的物,在一定范围内进行占有、使用和收益的权利。基于不同的历史文化传统与经济制度,各国民法上的用益物权类型多有不同,明确体现了较为突出的固有法特征。

我国的物权法也如实对我国经济体制改革的具体成果进行了反映,并对土地承包经营权、建设用地使用权、宅基地使用权和地役权进行了规定。在学理上还有典权和居住权等。

(二)用益物权的特征

与所有权、担保物权相比较,用益物权具有独有的特征,表现在以下方面。

第一,用益物权的主要内容就是在一定程度上使用、收益标的物,当然,有一个最为基本的前提就是对物具有一定的占有。用益物权中的"用益",就是通过对物进行相关程度的使用、收益,最终取得物本身所具有的使用价值。

就这一点来说的话,用益物权与担保物权之间是存在巨大的不同,这也就进一步决定了用益物权主要是以对标的物的占有关系为一种极其关键性的要件。也就是说,必须将标的物的占有进一步移转给具体的用益物权人,然后再由其根据具体的实际情况对标的物做到一个相应的支配权。否则的话,用益物权的具体目的是难以得到实现。

第二,用益物权实际上就是他物权、限制物权和有期限物权。用益物权其实就是对他人所拥有的物作了相关的物权设定,这是一种非所有人根据法律的相关规定或者经由当事人同意了的具体约定,也就表明对他人所有物进行享有的一种使用、收益的正当权利。因而从其的法律性质上来讲,用益物权其实是属于他物权的。

第三,用益物权是不动产物权。《物权法》第 117 条规定:"用益物权人对他人所有的不动产或者动产,依法享有占有、使用和收益的权利。"据此,用益物权的标的物既可以是不动产,也可以是动产。但着眼于现实,用益物权的标的物限于不动产,包括土地、海域以及房屋、林木等定着物。

第四,用益物权的一个主要依据就是民法。在民法上,可以算是一种最典型的用益物权。除了拥有重要的地位之外,用益物权具体的适用范围也是相当的广泛。

除此以外,一些较为特别的法也会对用益物权的具体形式有所运用,通常而言,这些用益物权在主体、客体或者效力范围等方面都具有一定的特殊性。所以在法律适用范围上应当首先适用特别法,只有在特别法无明确的规定时,才能进一步适用民法。

二、土地承包经营权

(一)土地承包经营权的概念与特征

土地承包经营权,在很大程度上反映了我国经济体制在相应的改革过程中对于农村承包经营关系的一种新型物权。土地承包经营权,主要就是土地承包经营权人依据相关的规定对其承包经营的农民集体所有或国家所有由农民集体使用的耕地、林地、草地等享有占有、使用和收益的权利。

土地承包经营权的特征具体包括以下几方面。

第一,土地承包经营权是通过了一定的合法方式进行相应承包的一种权利。

承包人在进行相关的承包过程中,有权利对生产资料独立占有、使用和收益,并且在进行相关的生产经营活动过程中,应该排除包括集体组织在内的任何组织或者个人的非法干涉。

第二,土地承包经营权,具体是为进行相关种植业、林业、畜牧业或者其他生产经营项目而承包使用、收益集体所有或者国家所有的土地的权利。

在这里,可以说种植有着非常广泛的一个范围,它不但包括对作物的相关种植,就连最寻常的树木、茶叶、蔬菜等也是包括在种植其中的。

第三,承包经营权的范围也是非常广泛,包括承包的土地或者森林、山岭、草原、荒地、滩涂、水面经营林业、牧业等。

(二)承包人的权利与义务

1. 承包人的权利

承包人的主要权利包括以下四点。

(1)占有承包的耕地、林地、草地等,使用承包的土地或者其他生产资料,独立进行生产经营活动,不受到其他组织或者个人的相关干涉。

(2)收取承包土地或者其他生产资料的收益。自然个人的承包收益,可以进行继承。

(3)依法进行土地承包经营权的流转,流转的方式具体包括出租、转包、入股、互换或依法转让等。在进行流转过程中,须遵守法律规定;受让方必须具有一定的农业经营能力;流转不得超过承包经营权的剩余期限等。承包人也可依法仅对经营权进行转让。

(4)承包地被进行征收的,土地承包经营权人有权依法获得相应的补偿。《土地承包纠纷解释》第1条规定,承包地征收补偿费用分配纠纷,人民法院应当依法受理。法律规定土地补偿费归集体经济组织所有,但是承包方的承包地被征收后发生在集体土地所有权人和承包方之间的补偿费用纠纷属于民法调整范围,须作为民事诉讼的受理范围。

2.承包人的义务

承包人的主要义务包括以下两点。

(1)对所承包的耕地、林地、草地等进行妥善使用,这不仅要求承包人不得在承包土地上随意进行盖房、建窑、建坟,而且不准进行掠夺性经营,而且还要求承包人根据土地的相关条件,合理使用、保存、改良土地,提高地力。

(2)承包人应该依据承包合同所规定的具体数额向集体组织交付承包耕地、林地、草地等的承包费。在具体的实践过程中,有些比较富裕的地区,集体经济组织的非农业经济利润较多,土地承包费已经被免除。

(三)发包人的权利与义务

1.发包人的主要权利

(1)监督承包方依照承包合同约定的用途,对土地进行利用和保护。

(2)根据合同约定获得相应的承包费。

2.发包人的主要义务

(1)如果发包人决定把耕地、林地、草地等交付给承包人,那么就应该由承包人进行自主经营,在此期间所发生的生产经营活动,发包人都不得进行随意的干涉。

(2)发包人在承包期内不得随意调整承包地。如果是因为一些特殊的情形,需要适当调整的,必须依照农村土地承包法等法律规定进行相关办理。

(3)发包人在承包期间,应该注意不得随意对承包地进行收回。如果法律中对此另有明确规定的,那么就应该依据其具体的规定进行。

三、建设用地使用权

(一)建设用地使用权的概念与特征

建设用地使用权,就是出于对建筑物或者构筑物及其他附属设施的具体需求相应的对国家所具有的土地进行使用的相关权利。它的特征如下。

第一,在对建设用地执行使用权时必须明确一点,就是这个使用权是仅仅存在于国家所有的土地上的一种具体物权。建设用地的使用权在使用过程中标的只能是土地,其他的不可以,而且与此同时土地范围必须是国家所有的。

第二,建设用地使用权主要是能够保证建筑物或者构筑物及其他附属设施得到保存的一种权利。当然,需要注意的是,这里提到的建筑物或者构筑物及其他附属设施,指的是在土地上下进行建筑的房屋及其他设施,建设用地使用权主要是保证此等建筑物或者工作物能够保存下来。

第三,建设用地使用权其实就是对他人土地进行相应使用的一种权利。虽然有时候建设用地使用权主要是为了最大限度地保存建筑物或者构筑物及其他附属设施,但是如果从实际来看,重点还是在对他人的土地进行的一个具体使用情况。

因此,上述建筑物或者构筑物及其他附属设施的有无与建设用地使用权的存续并没有很大的关系。

(二)建设用地使用权的内容

1. 建设用地使用权人的权利

(1)占有和使用土地

建设用地的使用权是为了保存建筑物或者构筑物及其他附属设施而使用土地的一种权利,因此建设用地使用权人有权利使用土地。但是需要明确一点的是,建设用地使用权人在行使土地使用权时,必须在已经有了明确限定的范围内进行。由于建设用地使用权是使用土地的一种物权,所以建设用地使用权人为能够实现其权利,自然以占有土地为一种基本前提。

(2)附属行为

建设用地使用权人可以在其地基的法定范围内,在一定程度上适当对建筑物或者构筑物及其他附属设施进行一些相关的非需要保存的附属行为。

2. 建设用地使用权人的义务

(1)建设用地使用权人应当依照法律规定以及合同约定支付出让金等费用。土地出让金是建设用地使用权人为取得建设用地使用权所必须支付的对价。以划拨方式取得建设用地使用权的,虽然无须为取得对土地的使用权而支付对价,但用地人并非不需要支付任何费用。如果划拨用地使用权人取得使用权的土地上有原用地人以及地上物,则用地人必须向国家缴纳补偿、安置等费用后,才可以取得建设用地使用权,除非国家决定无偿将土地交付其使用。

(2)对于建设用地使用权人而言,应当对所具有的土地进行合理的利用,不得对土地具有的主要用途任意改变;如果有特殊情况,需要对土地用途进行改变,应当依法经过有关行政主管部门的同意和批准。

《土地管理法》第 56 条明确规定,建设单位对国有土地进行使用的,应当严格按照土地使用权出让等有偿使用合同的约定或者土地使用权划拨批准文件的规定合理使用土地;确需改变该土地建设用途的,应当经有关人民政府土地行政主管部门同意,报原批准用地的人民政府批准。

其中,在城市的规划区内对土地用途需要进行相关改变的,在报批前,应当先经有关城市规划行政主管部门的同意方可进行。

如果建设用地使用权人擅自做主,任意改变出让合同约定的土地用途,属于一种根本性的违约行为,出让人依法有权对相关合同进行解除。

第五节 担保物权

一、担保物权的概述与特征

(一)担保物权的概述

所谓的担保物权,其实就是为了能够顺利确保债权实现而进行的一个担保过程,通常是在债务人或者第三人的拥有物上进行设定,以直接取得或者对其交换价值进行支配为内容的权利。

在我国社会主义市场经济得到快速的发展形势下,以债的形式发生的自然人、法人及其他组织之间的经济联系也变得越来越频繁,这就需要对合同债的相关履行予以一定的保障,这对于进一步维护社会主义商品流通的良好秩序、对民事主体的合法权益进行保护,都显得至关重要。

(二)担保物权的特征

1. 担保物权的主要目的是确保债务的履行

为了确保主债债务能够正常履行,就必须设立明确、合理、有针对性的担保物权,只有这样才能够使得债权人对于担保物享有一种优先的受偿权,所以,从另一种角度来说,它是对主债权效力的一种加强和补充。需要注意一点的是,在对担保物权进行相关设立的过程中,应当依照相应的物权法和其他法律的明确规定进行。

担保物权具有一定的担保范围,如主债权及其利息、违约金、损害赔偿金、保管担保物和实现担保物权的费用都属于担保范围。当然,如果当事人另有其他约定的,需按照具体的约定进行。

2. 担保物权是在债务人或者第三人的特定物上设定的权利

关于担保物权过程中所提供的相应标的物,必须是一种明确的特定物,如果没有明确,那么就从其具有的具体价值中优先受清偿。

这里的特定,可以解释为在实行担保物权时标的物是属于特定的,所以,在将来实行之时为特定的标的物设定担保物权仍然不能被作废。如果是第三人为此提供的担保,在担保过程中并没有经其书面上的正式同意,只是债权人擅自允许债务人对债务进行全转移或者部分转移的,那么此时的担保人将不再承担相应的担保责任。

3. 担保物权以支配担保物的价值为内容

担保物权属于物权其中的一种,它的主要目的就是以标的物所具有的价值进而进一步清偿债权,标的物在清偿过程中取得一定的价值是其主要的内容。

在进行担保期间,如果担保物不慎因外因而受到相关的毁损、灭失或者被征收等,这个时候明确规定担保物权人可以获得一些优先受偿。如果被担保债权的履行期还没有到期,那么也可以进行提存受偿金。

4.担保物权具有从属性和不可分性

(1)从属性

担保物权所具有的从属性,主要是担保物权以主债的成立为一个基本前提,而后会随主债一起转移或消灭。

(2)不可分性

担保物权具有不可分性,则指担保物权所担保债权的债权人根据担保物行使其所具有的权利。

二、抵押权

(一)抵押权的概念

抵押权实际上就是抵押权人对抵押财产进行直接享有的一种权利,这有利于担保债权的顺利履行,并不在于对物的相关使用和具体的收益。

(二)抵押权的实现

1.抵押权实现的要件

(1)抵押权必须有效存在

要想在一定程度上实现抵押权,必须有一个前提条件,就是要确保实现抵押权的过程中,抵押权是有效存在的。只有抵押权有效存在才能进行下一步,如果抵押权失效,或者抵押权已经处于消灭不存在的状态,或者抵押权人已经对其所具有的抵押权进行了抛弃,那么抵押权就难以实现。

(2)须债务已届清偿期

由于抵押权在很大程度上而言,具有一定的相对性,所以可以看作是一种担保债务有效履行的方法,当然,债务人在债务清偿期还没有到的时候无须履行实现其抵押权的权利。

但是,如果债务已届清偿期,那么债务人就需要按照相关程序履行抵押权的权利,如果这个时候债权人已如期履行了相关的债务,那么抵押权所担保的债权和抵押权就会一起消灭。

2.抵押权实现的方法

(1)拍卖

如果债权已届清偿期,而抵押权人并没有在此期间受到相应的清偿,那么抵押权人就可以根据具体的程序规定,对抵押物进行具体的拍卖,最终对拍卖所得的价金进行受偿。

需要强调一点的是,如果抵押权人得到了应有的受偿,那么其之前所拥有的债权、抵押权都会一起消灭,不再存在。一旦拍卖抵押物,完成了相应的拍卖程序,抵押人之前对于抵押物具有的所有权也会随之消灭。

(2)变卖

当抵押权人不愿意对物拍卖抵押,也不愿意获得拥有抵押物的所有权时,还可以通过一般买卖方法进行,就是出售抵押物,以出售的具体价进行受偿。在进一步变卖抵押财产时,应当严格参照市场的具体价格。

(三)抵押权的终止

1.主债权消灭

为了能够使主债权得到一个稳定的担保,抵押权是必不可缺的,如果主债权因某些必要原因不得不消灭时,那么抵押权也会随之一起消灭。

2.抵押物灭失

虽然有时候抵押权会因抵押物的灭失而出现随之一起消灭的情形,但是,应该把抵押物在灭失之后所得到的相应的赔偿金等,当作一种相应的抵押财产。

3.抵押权实行

如果抵押权人对抵押物已经把其所拥有的抵押权予以实行,那么无论其债权是否得到了全部程度的清偿,抵押权最终都会处于一个消灭不存在的状态。

三、留置权

(一)留置权的概念

在担保物权中,留置权要具有一定的效力。如果留置权符合某些特定的条件时,依据法律明确的规定会相应产生。

另外,留置权和担保物权一样,也具有从属性、不可分性和物上代为性等属性。

(二)留置权人的权利与义务

1.留置权人的权利

(1)收取留置物的孳息

在通过一定渠道收取得到之后的孳息,应该首先被用来充当抵消收取孳息的相关费用。

(2)请求偿还费用

当债权人在对留置物做了相应的保管过程中,在保管期间所支出的部分必要费用,应该由债务人返还。

（3）就留置物优先受偿

在债务得以正常的履行期间,相关的留置权人与债务人之间必须要进行一个明确的约定。如果在这个期间,债务人并没有按时履行,以致超过了规定的期限,那么留置权人这时就可以通过与债务人的具体协议以留置财产进行相应程度的折价,也可以通过一定程度的拍卖、变卖留置财产把所得来的价款进行优先受偿。需要进行强调的一点是,在对留置财产折价或者变卖的过程中,具体价格应参照市场进行。

2. 留置权人的义务

（1）保管留置物

把所留置的财产进行完善的保管,是留置权人本身应尽的一种义务;如果在保管过程中因某些原因使留置财产遭到相关毁损、灭失的,那么对于留置权人而言,应当对相应的赔偿责任进行承担。

在留置权存续期间,如果债权人擅自对留置物进行使用、出租、处分,并且没有经过债务人的同意,最后给债务人造成损失的,债权人应该承担赔偿责任。

（2）返还留置物

如果留置权所担保的债权消灭,或者债权虽没有消灭,但是债务人另行提供相关的担保时,那么就需要债权人把留置物进一步返还给债务人。

四、担保物权的竞合与物的担保和人的担保的并存

(一)担保物权的竞合的概念与成立条件

1. 担保物权的竞合的概念

关于担保物权的竞合,简单而言就是在对物的担保过程中所

进行的一种相关性竞合,具体来说主要针对的是在同一标的物上同时有不同种类的担保物权存在,而且相应的担保物权人不止一个人,此时就会出现该以何类担保物权的效力优先的问题。

2.担保物权的竞合的成立条件

(1)须同一标的物上同时存在数个不同种的物上担保权

一般来说,担保物权的竞合现象只存在于同一标的物上担保的同一项财产上,而且还需要同时存在数个不同种类的物上担保,否则是不存在这种现象的。

当然,在同一物上也可以同时存在数个同一种的担保物权,如同时存在数个抵押权,这种情况一般都属于广义物上担保的竞合,也可以看作物的担保的并存。

(2)须各个担保物权人不为同一人

关于担保物权的竞合,包含的要相对较广一些,因为那不仅是担保权客体的一个竞合,而且其权利主体必须不是同一个人。所谓权利主体不为同一人,也就是指有数个不同的担保物权所担保的并非同一个债权。

(二)动产抵押权与留置权的竞合

1.先设定抵押权而后成立留置权

先有针对性地设定抵押权,因标的物不会进行移转被占有,所以在抵押人将抵押物交由他人进行占有时,在已经具备留置权的成立条件下可在抵押物上再成立相应的留置权。

一般来说,留置权要比抵押权优先,因为留置权的产生,一般都是因为留置权人为留置物提供了相应的劳务或者材料而并未得到相对较为适当的补偿,因此留置权要优先于抵押权比较公平。

2.先成立留置权而后设定抵押权

具体来说,主要包括两种可能。

(1)留置物所有人如果对留置物实行抵押,此时就会在留置物上又成立一种相应的抵押权,那么这里的抵押权与留置权就需要进行一个相对的竞合,然而因为留置权是最先成立起来的,于是就进一步表明留置权的效力始终要比抵押权优先。

(2)留置权人抵押留置物,在此种情形下,因为留置权人非为标的物所有人,所以抵押不会产生一定的效力,所以也就不会发生抵押权与留置权之间的竞合。

(三)物的担保与人的担保的并存

物的担保与人的担保的并存是指,同一债权,既有以担保物权的形式担保债权(即物保),又有以第三人与债权人订立保证合同的形式担保债权(即人保)。对这种物保与人保并存的情况,在理论上具体称作混合共同担保。混合共同担保的特点主要包括两点:一是被担保的债权为同一债权;二是既有物保的同时又有人保。

在物保与人保并存的情况下,如何处理更为合适?学者的观点有一定的分歧。《物权法》第176条[①]对两种类型三种情况进行了区分,分别作了不同的明确规定。

第一种类型,被担保的债权既有物的担保又有人的担保的,债务人不履行到期债务或者发生当事人约定的实现担保物权的情形,债权人应当按照约定进一步实现债权。这样规定体现了尊重当事人意思自治。

第二种类型,没有约定或者约定不是很明确的,其中又分为两种具体的情况:一种情况是,债务人自己提供物的担保的,债权人应当先就物的担保进一步实现债权。这样规定可以避免保证人履行保证义务后,再向债务人追偿的程序,有利于使经济效益

---

① 本条规定不同于《担保法》第28条和《担保法解释》第38条的规定,殊值注意。

得到提高，从而减少社会的成本。

另外，第三人提供物的担保的，债权人可以就物的担保实现债权，也可以进一步要求保证人承担保证责任。这样规定使提供物保的人与保证人处于平等地位，由债权人行使选择权，比较公平。

另外，提供担保的第三人承担担保责任后，有权向债务人进行相关的追偿。

第六节 占有

一、占有的概念

占有实际上就是对物在事实上的一种明确占领、控制。占有的标的以物为限，因而物之外的财产权，只能成立准占有，而不能成立占有。

在现代民法上，占有成为独立于所有权及他物权的一项制度，无论是所有权人具有的占有，还是非所有权人具有的合法占有、非法占有等，统统都会受到占有制度的相应保护。

对物的事实秩序进行相应的维护，禁止他人运用私力加以相应的破坏，是占有制度的一个主要功能。关于占有的具体性质，《物权法》认为占有只是一种存在的事实，但是并不代表其是一种权利，其目的就在于能够最大限度的、更好地保护和支持占有。将占有认定为具体的事实，则占有人只需证明占有的实际存在，而无须对自己是否有权占有予以证明，即可在一定程度上受到来自占有制度的保护。

二、占有的种类

（一）自主占有与他主占有

自主占有与他主占有有很大区别的一点就是物是属于自己所有的一种占有；而他主占有并没有包含所有的意思，仅仅限于某种特定关系对物进行支配的意思的占有属于他主占有。在自主占有中，"所有"其实是指具备所有人都能够进行占有的一个意思，并不是真正的所有人或者要求其自信为所有人。

因此，就会存在两种关于占有的现象：第一种是所有人对其物的占有属于一种自主性占有，第二种就是盗贼占有的盗赃也是一种自主占有。他主占有，类似于典权人对于典物的占有、承租人对于租赁物的占有、质权人对于质物的占有的这种关系。

另外，占有物因故出现毁损、灭失时，自主占有人与他主占有人的责任范围也各不同。

（二）直接占有与间接占有

（1）直接占有，其实就是对所占有的物本身而言，具有一定的事实性，如居住的房屋、穿着的衣服，这些都属于一种直接占有的形态。

（2）对于间接占有而言，具体是指基于某一法律关系，对于事实上占有物的人具有返还请求的权利，因而能够间接性地对物进行一个管领性的占有。

（三）善意占有与恶意占有

一般来说，善意占有与恶意占有最大的区别就是意向不同。善意占有主要是占有人并不清楚自己实际上是没有占有权利的而进行了一种无意的占有，而恶意占有则指的是占有人明明知道自己没有占有权利还依旧进行的一种占有。

当然,善意占有并不是一种具有绝对性的占有,有时候也可能在一定条件下会转变成一种恶意占有,即当物权占有人知道或者应当知道其占有不存在合法的根据时。

善意占有与恶意占有之间最大的一个区别意义就在于:取得时效中善意占有与恶意占有的期间是不同的;即时取得以善意占有为要件;善意占有与恶意占有受保护的程度也会有所不同;善意占有人和恶意占有人对进行损害后果承担的责任也会大有不同。

《物权法》第242条规定,占有人因使用占有的不动产或者动产,致使该不动产或者动产受到一定损害程度的,恶意占有人应当承担相应的赔偿责任。

因此,在出现无权占有的情况下,除了应该具有相反证据能够进行证明外,应推定占有人的占有倾向是属于善意占有还是恶意占有,如果是善意占有,那么应该对因其使用占有物所导致的损害不承担相应的赔偿责任。

(四)无过失占有与有过失占有

所谓的无过失占有和有过失占有,实际上是针对善意占有作了更为深层次的一个具体分类,通常进行区分的一个标准主要是占有人不知其无占有的权利有无过失。

进一步来说,无过失占有其实就是占有人并不清楚自己没有应该占有权利的一种占有,而有过失占有则是占有人本来知道但是因发生某些过失而不知其已经没有了占有权利的相关占有。

(五)无瑕疵占有与有瑕疵占有

无瑕疵占有,具体是指存有一定的善意并且没有造成一定程度上的过失、和平、公然、继续的占有;而有瑕疵占有相对程度要严重一些,通常是指具有恶意倾向且有一定的过失、强暴、隐秘、不继续的占有。

三、占有的保护

(一)占有人的自力救济权

占有人在进行自力救济的过程中,主要拥有的救济权包括以下两点。

1. 自力防御权

占有人如果遇到了对自身占有进行故意侵夺或者故意妨害的具体行为时,可以通过自身的力量进行相应的防御。在行使自力防御权过程中,重点就在于对占有进行事实状态的强调,因此这种权利只有直接占有人才可以行使,而对于间接占有人而言,其不具备这个权利。

2. 自力取回权

当他人对占有人应该所具有的占有物予以了强制性的侵夺时,占有人是有权把自己应有的占有物取回的。

(二)占有保护请求权

占有保护请求权主要包括以下四项。

1. 占有物返还请求权

当占有人具有的占有遭到来自他人的强制性侵夺时,占有人有权请求把其占有物予以相应的返还。

《物权法》有着明确的规定,占有人返还原物的请求权,自侵占发生之日起 1 年内未行使的,该请求权消灭。该 1 年的期间仅适用于占有物返还请求权。

2. 占有妨害排除请求权

如果占有人的占有因故受到妨害使占有人无法完全支配其

占有物时,这时的占有人有权请求对已有的妨害进行排除。

3.占有妨害防止请求权

如果发现他人的行为存在一定的妨害性时,还没有对占有人造成现实中的妨害时,占有人同样可以发出请求提前预防这种妨害的发生,请求把即将发生的危险进行消除。

对于占有妨害排除请求权和占有妨害防止请求权这两种权利而言,只要具有一定程度的妨害占有行为或危险存在,那么法律就允许占有人在任何时候提出相关的请求,故对期间限制并没有做出明确的限制。

4.损害赔偿请求权

如果占有人具有的占有物在某种程度上受到了侵占或者妨害,占有人有权提出请求关于损害的赔偿。对于损害赔偿请求权,一般比较适用于诉讼时效。

本章小结

本章通过对物权进行深层次的研究,对物权的主要概念、具体类型、物权的变动和保护有了较为明确的理解和掌握。其中,关于第一节针对物权的基本概念和主要类型进行了探究;第二节对于物权的变动和保护进行了重点分析;第三节主要对所有权作了深入的分析和探究;第四节主要是对用益物权的相关内容进行探究;第五节深刻分析了担保物权的相关内容;第六节对占有进行了相关论述。总之,具有针对性的分析,使我们对物权的了解更透彻。

第五章　债权研究

债权是与物权相互对应的两大财产权。物权主要调整的是人对物的直接管理和支配，侧重反映的是静态的财产关系，即财产的归属、支配关系，也一定程度上调整物的利用和交易关系，如各项他物权和物权变动等；而债权主要调整的是人对人的请求权，侧重反映的是动态的交易关系，即财产的流转关系，包括正常的自愿的财产流转关系（如合同之债），也调整非自愿的不正常的财产流转关系（如侵权之债、不当得利之债和无因管理之债）。在现代的民法体系中，由于交易关系日益灵活化和国际化，债权理论也越加复杂和精致，需要深入研究才能理解其真正的内涵，并能在现实社会中发挥积极作用。

第一节　债的概念和类型

债是一个古老的法律概念，现代民法中的债的概念来源于罗马法。古罗马的《民法大全》对债就有明确的界定，例如，《法学阶梯》认为："债是拘束我们根据国家的法律而为一定给付的法锁"。这与现代民法的"债"的含义大体是相同的。我国古代，"债"与"责"是通用的。"责，通财也，俗作债"。本节就来简要论述一下债的概念和类型。

一、债的概念

法律上的债,是指特定当事人之间的请求为特定行为的法律关系。我国《民法通则》第 84 条规定:"债是按照合同的约定或者依照法律的规定,在当事人之间产生的特定的权利和义务关系,享有权利的人是债权人,负有义务的人是债务人。"债这种民事法律关系既与"血债""情债""文债"等所言之"债"含义不同,亦并非仅指欠人钱财而言。"血债""情债""文债"中的"债"不过是个借用词;"欠债即欠人钱财",则是对债的一种片面理解。在债的民事法律关系中,债权人有按照合同的约定或法律的规定请求债务人履行其义务的权利;债务人有按照合同的约定或者法律的规定为特定行为以满足债权人的请求的义务。

二、债的类型

(一)种类之债

1. 种类之债的概念

通常情况下,债的标的物的属性不同,由于这种不同,债可以分为两类,即特定之债和种类之债。特定之债是以特定给付为标的的债。种类之债是指给付以其种类中的一定数量指示的债。

2. 种类之债的特定

(1)种类之债特定的概念

债的标的须特定,这是债之关系的本质要求。种类之债的标的物,是以种类方式指示,并不明确、具体,须经特定,才可以履行。所谓特定,是种类之债向特定之债的转化,在性质上,属于债的内容变更。[①] 种类之债一经特定,即成为特定之债,此后应适用特定之债的相关规则。

(2)种类之债特定的效力

①种类之债变更为特定之债。种类之债经特定就变为特定之债,债务人对经特定的给付物,负有善良管理人注意义务,如未尽此义务,致使给付物毁损或者灭失的,原则上发生债务不履行的效果,债务人应当承担赔偿损失责任。

②种类之债特定后的变更权。通常认为,种类之债依据债务人的行为而特定,或者债务人有指定权的场合,经特定后,债务人原则上不得再进行变更。

(二)货币之债

1. 货币之债的概念

货币之债,也称金钱之债,是以给付一定数额的货币为标的的债。这种债在现实中较为常见,是债的一种重要类型。在有偿合同中,对价往往以货币形式支付;在无偿合同中,货币常成为赠与等的标的物。在法定之债中,其债的标的以支付货币为常见。

2. 货币之债的种类

(1)金额货币之债(金额之债)

金额货币之债,是以给付一定金额的通用货币为标的的债。当事人只注重货币的金额,而不注重其种类,债务人可以自由选择任何种类的通用货币进行支付。金额货币之债法律上的特征是不存在履行不能的问题,不发生因不可抗力免责的问题。

(2)特定货币之债

特定货币之债,是以给付作为特定物的货币为标的的债。货币通常视为种类物。但在当事人有特别意思表示的情况下,可以

---

① 郑玉波.民法债编总论[M].北京:中国政法大学出版社,2004,第200页.

经由特定化,而成为特定物。特定货币之债在本质上,不具备通常货币之债的特征,因而是这一种特定物之债。①

(3)特种货币之债(金种之债)

相对的特种货币之债,是以给付一定金额的特种货币为标的的债。当事人关于币种的约定,称为"金约款",其通常目的在于确保货币不发生贬值。"金约款"在一些纸币与金属货币并存的国家和地区发生严重通货膨胀时,确有重大实益。目前在我国,人民币是唯一的通用货币,实践中,"金约款"通常体现为对以外国货币支付的约定(具体情形要受到国务院发布的《中华人民共和国外汇管理条例》的限制)。有金约款存在的债,债务人应当以所约定的货币支付,其余法律特征与金额货币之债相同。如果该类货币失去通用效力,其金约款随之失效,而变为金额货币之债。

(三)利息之债

1.利息之债的概念

利息,从权利客体的角度看,与原物相对,是原物的一种法定孳息;从法律关系的角度看,是债务人使用或者占有债权人的金钱或者其他代替物所应给付的对价或者补偿。与利息相对的原物以及利息本身,均不限于金钱,还包括其他的代替物。利息之债是以给付一定利息为标的的债,以原本之债的存在为前提,性质上是原本之债的从债。

2.利率

利率是利息与原本之间的比例,通常以百分数表示。依据确定标准的不同,利率有约定利率和法定利率之分,前者由当事人的意思表示决定,后者直接由法律规定。

在许多立法例上,法定利率有确定化的规定,其优点是便于

---

① 郑玉波.民法债编总论[M].北京:中国政法大学出版社,2004,第203页.

公众了解,便于法律的适用。我国对法定利率采用准用性的规则,即准用中国人民银行规定的金融机构存贷款业务的利率。

3. 利息之债的种类

(1)约定利息之债与法定利息之债

约定利息之债,是由当事人的民事法律行为而创设的利息之债,通常构成债务人使用原物的对价关系,其典型形式为有偿的消费借贷。法定利息之债,是依据法律规定而发生的利息之债,通常构成债务人占有原物或者相应利益的补偿关系。

(2)基本权利息之债与支分权利息之债

基本权利息之债,是指由原本之债产生,而未届清偿期的利息之债;支分权利息之债,是指由原本之债产生,并已届清偿期的利息之债。[①]

(3)单利之债与复利之债

单利之债,是独立计算每一期利息,不将上期利息计入下期原本再生利息的利息之债。复利之债,是将每一期所生利息,计入下期的原本,再生利息的利息之债。

(四)选择之债

1. 选择之债的概念

选择之债,是指债的客体或者其构成因素为两项以上,当事人可以选择其一进行履行的债。选择之债以民事法律行为为发生原因的,为意定选择之债;由法律直接规定而发生的,为法定选择之债。

---

① 郑玉波.民法债编总论[M].北京:中国政法大学出版社,2004,第207页.

2.选择之债的特定

(1)选择之债特定的概念

选择之债的特点在于,债成立时存在着两种以上类型的给付,但履行债务时仅由债务人给付其中之一。这就需要在履行债务前将两种以上的给付特定为一种,也就是将选择之债转变为简单之债,此即所谓选择之债的特定。特定以后,履行债务则完全遵循简单之债的履行原则、规则及方法。

(2)选择之债特定的方法

①选择

选择权的归属。选择权在性质上为形成权,其归属,在意定选择之债中,通常由双方约定;在法定选择之债中,通常法律有明确规定。在当事人无约定,法律亦无规定的情况下,原则上选择权归属于债务人,这是因为选择和债的履行有关,由债务人选择比较方便。

选择权的移属。选择之债,客体不经特定,无法履行,为解决此种困境,许多国家的立法规定有选择权的移属制度[①],即超过一定期限,选择权人不行使选择权,选择权的主体将发生变动。

选择权的行使。行使选择权的行为即为选择,在性质上是有相对人的单独行为,须选择权人以意思表示的方式为之,到达受领人时生效。债权人或者债务人一方为选择权人的,对方当事人为受领人;债权人和债务人以外的第三人为选择权人的,债权人和债务人任何一方均可以为受领人。

选择的效力。选择之债因选择权人的选择而转变为单一之债。选择之债经特定可能变为特定之债,但是不必然变为特定之债,例如选定的物为种类物,履行时需要将种类之债特定,才成为特定之债。

---

① 《德国民法典》第264条,《日本民法典》第408~409条.

②给付不能

选择之债的数项给付全部不能的,依据债务不履行中的给付不能制度处理。其中一项或者几项给付不能,此外尚有存余的可以履行的给付的,债的关系于余存给付上继续存在。但如果给付不能的事由可以归责于无选择权人,则选择权人可以选择余存的给付,履行或者请求履行;也可以选择不能的给付而发生债务不履行的法律效果。

(五)连带之债

1. 连带之债的概念

我国通说依据《民法通则》第86条、第87条的规定,将多数主体之债划分为按份之债和连带之债。连带之债是多数主体之债的一种。

所谓连带之债,是指债的主体一方为多数人,多数人一方的各个当事人之间存有连带关系的债。所谓连带关系,是指当事人各自的债务或者债权具有共同目的,从而在债的效力上、债的消灭上相互发生牵连。连带之债包括连带债权和连带债务。连带债权,是指数人有同一债权。其中每个人都有请求债务人履行全部债务的权利。

2. 连带之债的效力

多数主体之债较单一主体之债复杂之处,主要在于债的效力,具体表现在三个方面,即对外效力、就当事人一人所生事项的效力、对内效力。[①]

(1)对外效力

对外效力是债权人与债务人之间的关系问题,其核心是债权人的请求权。连带债务对外效力的核心,是债权人对连带债务人

---

① 郑玉波.民法债编总论[M].北京:中国政法大学出版社,2004,第381页.

的请求权。连带债务的债权人请求权的行使，较为自由，可以向债务人一人、数人或者全体请求履行，可以向不同债务人同时或者先后请求履行，可以请求全部或者部分履行。

(2)就当事人一人所生事项的效力

就当事人一人所生事项的效力，是指针对当事人一人发生的事项，对其他当事人是否以及如何发生影响。连带债务的此种效力，是指针对连带债务人一人与债权人之间发生的事项，对其他连带债务人是否以及如何发生影响。关于这一点，各国立法例有所不同。

(3)对内效力

对内效力是一种内部关系问题，主要表现在各债权人之间或者各债务人之间。连带之债的对内效力体现在，连带债务人对外实际负担的债务份额，超过了其在内部关系上应负担的份额，而对其他连带债务人发生的求偿权和代位权。

第二节 债的履行、保全与担保

债的履行指债务人按照合同的约定或法律的规定全面履行自己所承担的义务的行为；债的保全是债权人为防止债务人的财产不当减少而危害其债权，对债的关系以外的第三人所采取的保护债权的法律措施；债的担保是指法律为保证特定债权人利益的实现而特别规定的以第三人的信用或者以特定财产保障债务人履行义务、债权人实现权利的制度。下面我们详细论述债的履行、保全与担保。

一、债的履行

(一)债的履行的概念

债的履行，是指债务人按照合同的约定或者法律的规定全面适当地履行自己所承担的义务的行为。《民法通则》第 84 条第 2 款规定:"债权人有权要求债务人按照合同的约定或者依照法律的规定履行义务。"《合同法》第 60 条第 1 款规定:"当事人应当按照约定全面履行自己的义务。"债的履行是债务人的给付行为。不同类型的债,给付行为内容不同,其履行的表现形态也不同。在移转所有权的合同,如买卖合同中,债的履行表现为出卖人交付标的物转移所有权,买受人支付价款。无因管理之债的履行表现为本人对管理人的费用偿还义务。而侵权行为之债则表现为侵权人对受害人的损害赔偿义务。

(二)债的履行的原则

债的履行的原则,是当事人在履行债务过程中所应遵循的基本准则。这些基本准则,有的是民法的基本原则,如诚实信用原则、公平原则、平等原则等;有的是专属于债的履行的原则,如适当履行原则、协作履行原则、经济合理原则、情事变更原则等。对于民法的基本原则,在此不再赘述,我们简要论述专属于债的履行的原则。

1.适当履行原则

适当履行原则,又称正确履行原则或全面履行原则,是指当事人应当按照约定或者法律规定全面适当地履行债。当事人是否适当履行债,是决定当事人是否承担不履行责任的判断标准。适当履行不仅要求债务人严格按照债的标的实际履行,而且还要求按照债的履行期限、地点、方式来履行,即在适当的时间,用适当的方法,在适当的地点履行。适当履行是实际履行原则的一个深化。

2.协作履行原则

协作履行原则,是指当事人双方不仅要适当地履行义务,而且应按照诚实信用原则的要求协助对方履行义务。一般认为,协作履行原则主要表现在以下几个方面。

(1)债的当事人各方都应严格按照规定或约定的条件履行自己的义务,同时债权人应当适当受领给付。

(2)债权人应尽力协助债务人履行义务,为债务人履行义务创造必要的条件,不能以合同或法律无明文规定为由不予配合。

(3)遇有不能按原规定履行的情况时,应按法律规定或合同的约定采取积极措施,避免或者减少损失的发生或扩大。

3.经济合理原则

经济合理原则要求当事人履行债务时,要讲求经济效益,力争付出最小的成本获得最大的效益。合同当事人是求同,他们的根本利益和目标一致,相互间是一种互惠互利的协作关系。因此,任何一方当事人的利益都服从于双方基于合同而形成的共同利益,该利益的实现也应当符合效率原则,不能产生浪费。因此,如果合同约定不够具体或不符合经济合理的要求,以及合同订立后情势发生了变更等,在这些情况下,当事人就应遵循法律的任意性规则以及体现诚实信用的经济合理原则履行合同,尽可能选择最优方案为对方节省开支,以最节省的方式取得最大的效益,避免当事人的利益遭受不必要的损失及社会资源的浪费。

4.情事变更原则

情事变更原则,是指合同在产生了法律效力之后,出现了不可预见的情事变更,而又不可将原因归责于双方当事人,导致原来合同成立的基础发生丧失或者动摇,如果在此情况下继续施行合同那么其原有效力则显失公平,而允许变更或者解除合同的原则。

情事变更原则在以下几种情况下适用。

(1)须发生了情事变更的事实。所谓情事,泛指作为合同成立基础或者环境的客观情况。要具体判断是不是构成了情事变更,应把握以下几个判断标准,即是否造成了合同基础丧失,是否造成对价关系障碍,是否造成目的落空。①

(2)须情事变更在合同成立以后,履行完毕之前的期间发生。因为合同在履行完毕之后债务将归于消灭,而合同消灭之后发生的情事变更就与原合同无关,所以要求情事变更发生在履行完毕前适用情事变更原则。

(3)须情事变更的发生不可归责于当事人。如果将责任归于当事人,那么其应该承担因事情发生变更而产生的风险或者违约责任,而不能适用情事变更原则。

(4)须情事变更是当事人所不可预见的。如果当事人在达成合约之前可以预见情事发生变更,则表明他承担了该风险,这种情况也不再适用情事变更原则。

(5)须情事变更使履行原合同显失公平。该显失公平应理性地站在客观的角度去判断,包括履行特别困难、债权人受领严重不足、履行对债权人无利益。

(三)债的履行的内容

1.履行给付义务

履行给付义务是指债务人依照债的内容,在债务履行期届至时全部、适当地履行,即债的履行的主体、履行的标的、履行的期限、履行的地点和履行的方式都是适当的、完全的,否则不能成立有效的给付。

(1)履行主体

债的履行主体,首先为债务人,包括单独债务人、连带债务人、不可分债务人、保证债务人。

债是特定当事人之间的一种民事法律关系,因而在通常情况下,债应由债务人履行,债权人只能向债务人请求履行并接受履行。但在某些情况下,当债务由谁来履行对债权人的债权实现并

---

① 梁慧星.中国民法经济学法诸问题[M].北京:法律出版社,1991,第266页.

无影响,而且债权人也不反对他人代为履行时,债务可以由第三人代为履行。当债的履行主体涉及第三人时,一般是由债的当事人在合同中加以约定而形成的。

(2)履行标的

债的履行标的与债的标的不同,债的履行标的是指债的给付对象,即债务人向债权人履行给付义务时具体交付的对象。履行标的可以是物,也可以是完成工作,还可以是提供劳务等。履行标的的具体要求表现在以下几方面。

第一,债务人以给付实物履行债务的,交付的标的物的数量、质量必须符合法律规定和合同的约定。

第二,以完成一定工作或劳务履行义务的,债务人应当严格按照合同约定和法律规定的质量、数量完成工作或提供劳务。

第三,以货币履行义务的,除法律作了特别说明的之外,其计算和支付用人民币来完成。除国家允许的现金交易外,当事人或者法人之间的经济往来,其结算必须通过银行转账的方式。

第四,在支付标的为价款或酬金时,当事人履行价金应按照合同约定的标准和计算方法确定。

(3)履行期限

履行期限,是指债务人向债权人履行义务和债权人接受债务人履行的时间。履行期限可以是具体的某一期日,也可以是某一期间。履行期限,有约定时,依其约定;没有约定,法律、法规有规定时,依其规定。如果当事人在合同中未约定履行期限,可由当事人事后协议补充。如果合同约定的履行期限不明确,当事人又协商不成的,则债务人可以随时向债权人履行义务,债权人也可以随时要求债务人履行义务,但都应当给对方必要的准备时间。

(4)履行地点

履行地点,是指义务人履行义务和债权人接受履行的地点。履行地点有约定的,依照约定履行。如果当事人在合同中未约定履行地点,可由当事人事后协议补充。如果合同约定的履行地点不明确,当事人又协商不成的,则按照合同有关条款或者交易习惯确定。履行地点也可由习惯确定,也可由债的性质确定。法律有特别规定时,依其规定。

(5)履行方式

履行方式是指完成债务的方式,如标的物的交付方法、工作成果的完成方法、运输方法、价款或酬金的支付方法等。如果合同对履行方式有约定的,则按照约定履行;没有约定的,则依照《合同法》第 61 条的规定以及第 62 条第 5 项关于"履行方式不明确的,按照有利于实现合同目的的方式履行"的规定加以确定。

2.履行附随义务

附随义务的发生,是以诚实信用原则为依据,又称附从义务。[①] 我国《合同法》第 60 条第 2 款规定:当事人应当遵循诚实信用原则,根据合同的性质、目的和交易习惯履行通知、协助、保密等义务。

附随义务的种类甚多,归纳起来大致包括以下几项。

(1)注意义务。债务人应尽注意义务是指充当善良管理人的角色或者如同处理自己的事务一样。债务人的注意程度因其地位、职业、判断能力以及债务的性质而有所不同。

(2)告知与通知义务。对有关对方利益的重大事项,当事人负有告知与通知的义务。

(3)照顾义务。照顾义务可分为三种情况,即对债权人的照顾义务、对特定第三人的照顾义务和对标的物的照顾义务。

(4)协助义务。当债务人的履行在性质上需要债权人的协助时,债权人即应在遵循诚实信用原则的情况下负有协助履行的义务。协助义务主要是指为对方的履行提供方便和条件。

(5)保密义务。如果存在涉及一方利益的尚不被人知晓的情况,他方则对该情况负有保密义务,不得向第三方披露。

(6)不作为义务。根据债的内容和性质,债务人应承担某种

---

① 王泽鉴.债法原理[M].北京:北京大学出版社,2009,第 30 页.

不作为义务的,其应负不作为义务。

二、债的保全

(一)债的保全的概念

债的保全是指在法律上为了防止因债务人的财产不合理减少给债权人的债权造成危害,而允许债权人代替债务人向第三人行使权利,或者请求法院撤销债务人与第三人的民事法律行为的法律制度。其中,债权人的代位权制度是指债权人以自己的名义代债务人向第三人行使债务人的权利的法律制度;债权人的撤销权制度是指债权人请求法院撤销债务人与第三人的民事法律行为的制度。

(二)债权人的代位权

1. 债权人的代位权的概念

当债务人怠于行使其对第三人享有的权利而有可能损害到债权人的债权时,债权人为保全其债权,以自己的名义代位行使债务人对第三人之权的权利就是指债权人的代位权。

债权人的代位权不是对债务人的财产进行扣押,或者有优先受偿收取的财产的权利,因而其不属于诉讼法上的权利,而是实体法上的权利。

2. 债权人的代位权的成立要件

(1)债务人对第三人享有权利

债务人对第三人享有的合法债权是债权人代位权的标的。债权人的代位权属于涉及第三人之权的权利,若债务人享有的权利与第三人不相关,则不得成为代位权的行使对象。依照《合同法》第73条的规定,代位权的标的,指债务人的到期债权。得行使代位权的债务人的权利,必须是非专属于债务人本身的权利,专属于债务人自身的债权,不得行使代位权。

(2)债务人怠于行使其权利

怠于行使其权利,是指应行使并且能行使而不行使其权利。主要表现为根本不主张权利或者迟延行使权利。只要债务人自己行使了该权利,则不论其行使的方法及结果对债权人是否不利,债权人均不得行使代位权。否则,构成对债务人行使权利的不当干涉。

《合同法解释(一)》第13条第2款规定,次债务人不认为债务人有怠于行使到期债权情况的,应当承担举证责任。如果举证成功,就可以对抗债权人行使的债权人代位权。

(3)债务人履行已陷于延迟

债务人履行迟延,通常指的是债务人在需要履行债务的期限内而没有完成对债务的履行。在债务人履行债务延迟以前,很难预料债权人的债权是不是可以实现,若允许债权人行使代位权,则没有必要对债务人进行干预。反之,若债务人履行其债务已经陷于迟延,而怠于行使其权利,且又无资力清偿其债务,债权人的债权就存在不能实现的现实危险,这个时候就有必要保全债权来保护债权人的权益。故债权人的代位权应以债务人陷于迟延为成立要件。但对专为保存债务人权利的行为(保存行为),如中断诉讼时效、申报破产债权等,虽然债务没有到履行期,但是可例外地不用等到债务人迟延履行之后才行使代位权。因为此时行使债权人的代位权的目的在于,防止债务人权利的变更或者消灭;若不及时行使该代位权,等到债务人迟延履行时债务人的权利已经消灭,则无代位之可能。况且,这种保存行为不同于实行行为,其行使不构成对债务人行为的干涉,而有利于债务人。

(4)有保全债权的必要

债权人的债权,因为有不能依债的内容获得满足的危险,所以为了实现债权才有必要代位行使债务人的权利。该必要不以债务人无资力为要件,因为债权与债务人的资力不一定有直接关系,有时即使债务人有资力,也可为保全债权而行使债务人的权利。通常情况下,应以债务人是否陷入无资力为判断标准来判断在不特定债权及金钱债权场合是否有保全债权的必要,这是"无资力说";而在特定债权及其他与债务人资力无关的债权情况下,则以有必要保全债权为全部条件,这是"特定债权说"。

3. 债权人的代位权行使的效力

债权人的代位权,应由债权人以自己的名义行使,并产生对债权人、债务人和第三人三个方面的法律效力。

(1)对于债务人的效力

债权人代位权行使的效果直接归属于债务人。第三人向债务人给付时,在债务人不受领的情况下,债权人得代为受领,因为代位权行使的是债务人的权利,其所得利益当然也是债务人的财产,所以,债权人在受领之后,应该把其取得的利益归还给债务人,而债务人也应该请求债权人将受领的财产向其进行交付。

(2)对于债权人的效力

债权人行使代位权是代债务人行使权利,因行使代位权所得的财产为债务人的一般财产,所以债权人不能优先受偿,如果没有经过债务人同意,也不能直接以代受领的财产受偿。债权人因行使代位权所付出的费用,得请求债务人偿还,并得就此费用的偿还,请求对第三人的给付物成立留置权。

(3)对于第三人的效力

债权人行使代位权是代债务人行使对第三人的权利,在这种情形下,相对来说第三人的地位比债务人自己行使权利时有利。所以,在行使代位权之前,第三人可以用对债务人所有的抗辩来对抗债权人。

(三)债权人的撤销权

1. 债权人的撤销权的概念

债权人的撤销权,是指当债务人所为的不合理地减少其财产的行为危害了债权实现时,债权人为保全债权得请求法院予以撤销该行为的权利。

我国《合同法》第74条规定:"因债务人放弃其到期债权或者无偿转让财产,对债权人造成损害的,债权人可以请求人民法院撤销债务人的行为。债务人以明显不合理的低价转让财产,对债权人造成损害,并且受让人知道该情形的,债权人也可以请求人民法院撤销债务人的行为。撤销权的行使范围以债权人的债权为限。债权人行使撤销权的必要费用,由债务人负担。"

2. 债权人的撤销权的成立要件

债权人撤销权的成立要件根据债务人所为的行为是否有偿而有所不同,主要可分为主观要件与客观要件,具体如下。

(1)主观要件

根据《合同法》第74条的规定,对债务人以明显不合理的低价转让财产而对债权人造成损害的,要求行使债权人的撤销权以受让人知情为要件。无偿行为的撤销,并没有损害受益人原本的利益,只是让其仅失去无偿所得的利益,所以法律应首先保护受损害的债权人的利益。在有偿行为中,如果只有债务人的恶意而受益人为善意时,不得撤销债权人和债务人之间的民事法律关系。

(2)客观要件

①须有债务人的行为

依照《合同法》第74条的规定,债务人的行为,是指债务人所为的民事法律行为,这些行为主要包括三个方面:一是放弃到期债权的行为;二是无偿转让财产;三是以明显不合理的低价转让财产。

②须债务人的行为有害债权

所谓有害债权,是指债务人减少其清偿资力,在依从债务本质的情况下不能使债权人的权益得到满足。债务人减少积极财产和增加消极财产以使自己陷于资产不足,不能有效清偿所有债权或者在清偿时有困难,且在撤销权行使的时候这种状态还在持续,则可以认定为有害债权。

③债务人的行为必须以财产为标的

所谓以财产为标的的行为,是指财产上受直接影响的行为。以下几种行为均不可以作为撤销权的标的:一是财产上利益的拒绝行为;二是以不作为债务的发生为目的的民事法律行为;三是以不得扣押的财产权为标的的行为,以提供劳动为目的的行为;等等。

3.债权人的撤销权的行使

债权人在诉讼上行使撤销权时以其自己的名义来行使。这是因为债权人的撤销权的利害关系对于第三人来说意义重大,所以为达到债权人的撤销权制度的立法目的,应经过法院审查该撤销权的主体和成立要件,以避免滥用撤销权而损害交易安全。

在债权为连带债权的情况下,既可以由其中的一个债权人作为原告主张债权人的撤销权,也可以所有的债权人可作为共同原告一起主张。在一个债权人作为原告的情况下,其他共同债权人不得再就该撤销权的行使提起诉讼。两个以上债权人以同一债务人为被告,就同一标的提起撤销权诉讼的,人民法院可以合并审理。

撤销权的行使范围以债权人的债权为限。有学说认为,债权人的撤销权行使的目的在于保全所有的债权,因而其行使范围不以保全行使撤销权的一般债权人享有的债权额为限,而应以保全全体一般债权人的全部债权为限度。《合同法》规定,旨在尽可能小地影响交易的安全。但是,存在诈害行为的标的物为不可分物场合,不可能仅限于债权额主张撤销并要求返还。

撤销权的行使期限在自债权人知道或者应当知道撤销事由之日起1年内。撤销权自债务人的行为发生之日起5年内没有行使的,则该撤销权消灭。

4.债权人的撤销权行使的效果

通常情况下,债权人行使撤销权时由债务人负担产生的必要费用。债权人的撤销权行使对债权人、债务人、受益的第三人产生效力,该效力在判决确定之后产生。

(1)对于债权人,行使撤销权的债权人得请求受益人将所得利益返还给债务人,也得请求直接返还给自己。但是撤销权的行使,其效力及于全体债权人,行使撤销权的债权人不得从受领的给付物中优先受偿。

(2)对于债务人,债务人的行为一经被撤销,则被视为自始无效。例如,为财产赠与的,视为未赠与;为放弃债权的,视为未放弃。

(3)对于受益的第三人,应当返还已受领债务人的财产。原物不能返还的,应当折价返还其利益。受益人已向债务人支付对价的,得向债务人主张返还不当得利。

三、债的担保

(一)债的担保的概念

债的担保是促使债务人履行其债务,保障债权人的债权得以实现的法律措施。

基于实现主债的目的,债的担保以主债的存在而存在,主债消灭,债的担保也随即消灭。债的担保可分为债的物权性担保和债的债权性担保。前者是以债务人或第三人特定财产或者权利为担保的一种行为,它一般是通过设立质押权、留置权、抵押权等方式来为债的实现提供担保。而债的债权性担保则是通过债权合同的形式来为债的实现提供担保,它主要包括保证和定金。

（二）保证

1.保证的概念

保证主要是指债以外的第三人与债权人达成约定，如果债务人不履行债务时，则该第三人按照约定履行债务或者承担责任的合同担保方式。这里的第三人叫作保证人；这里的债权人既是主债的债权人，又是保证合同中的债权人；这里的"按照约定履行债务或者承担责任"称为保证债务，也有人称作保证责任。

2.保证的设立

保证的方式一般由当事人约定，当事人在选择保证作为债权实现而担保的方式之后，需要在债权人和保证人之间订立保证合同。由于保证关系通常会涉及第三人对保证责任的承担及债权人利益的实现问题，所以我国《担保法》规定，保证人与债权人的保证合同应当以书面形式而订立。它的功效在于更好地保护合同双方当事人的利益。同时，书面合同也是处理纠纷的有效依据。值得注意的是，保证相对于主债而言，性质上属于从债。也就是主债合同如果出现无效、解除或被撤销时，属于从债性质的保证合同也相应地失去效力。

3.保证合同

保证合同指由当事人约定，保证人在债务人不履行债务时替代债务人清偿债务的合同。可以说，保证合同属于从合同，它以债权人与债务人签订的主合同为存在的前提。如果主合同无效、被撤销或解除，保证合同也相应地失去效力。同时，保证合同也属于要式合同，一般要求以书面形式加以订立。

保证合同的当事人为保证人和债权人。其债权人可以是一切享有债权之人，如自然人、其他组织抑或法人，均无不可。

对于保证合同的内容，我国《担保法》第 15 条规定，应当具备以下几项:第一,被保证的主债权的种类和数额;第二,债务人履行债务的期限;第三,保证的方式;第四,保证担保的范围;第五,保证的期间;第六,双方当事人认为需要约定和明确的其他事项。对于不完全具备以上这些内容的合同,当事人可以根据具体情况予以补正。

4.保证的消灭

债权的保证责任,可因下列原因而消灭:第一,主债务消灭。相比于主债务而言,保证具有从属性。当主债务消灭时,保证也相应地随之消灭。第二,主债务人更换。除保证人同意之外,主债务人更换后,保证也随之消灭。第三,保证人死亡或解散。保证人如果为自然人的,当其死亡时,保证责任仅在其遗产范围内承担。当该自然人没有遗产时,保证也随之消灭。如果保证人为法人的,当法人解散之时,该保证责任仅在法人清算财产的范围之内承担,法人无财产的,保证也相应地消灭。第四,保证期间届满。当保证期间届满之时,所产生的直接法律效果是保证人对债务的保证免除而消灭。第五,保证合同解除。

(三)定金

1.定金的概念

定金指合同一方当事人为确保合同的履行,而依据法律规定预先向对方当事人支付一定的货币或替代物的担保方式。它最为直接的意义体现在:如果支付定金一方不履行债务时,对方可以不返还定金;若接受定金方不履行债务时,对方可以要求双倍返还其定金,这也就是我们所说的"定金罚则"。可以说,定金制度的创设有助于当事人双方都忠实地履行所约定的债务,当一方不履行的时候,该定金将起到对于违约的惩罚作用。

2. 定金的种类

(1) 成约定金

成约定金指以定金的交付为主合同的成立要件,也就是说定金是否交付是决定合同是否成立的要件。但是,如果定金并未支付,主合同已经履行或主要部分已履行的,主合同也视为成立和生效。

(2) 证约定金

证约定金指为证明合同关系的成立而设立的定金。它可以作为合同订立的证据,以防范当事人一方以合同并未成立为理由而拒绝对合同的履行。

(3) 违约定金

违约定金指任何一方当事人,在交付或接受定金之后,如果不履行合同,都应当给予制裁。也就是说如果交付定金方不履行合同的,定金不予返还;接收定金方不履行合同的,应当双倍返还定金。这种定金和违约金都具有间接强制债务履行的效力,违约定金通常有证约定金的作用。

(4) 立约定金

立约定金指为保证以后正式订立的合同而约定的定金。对此,《担保法解释》第115条做出规定:"当事人约定以交付定金作为订立主合同担保的,给付定金的一方拒绝订立主合同的,无权要求返还定金;收受定金的一方拒绝订立合同的,应当双倍返还定金。"日常生活中的合同签订意向书即是如此。双方当事人可以在该意向书中约定定金,以给付定金作为对正式合同签订的担保。但是需要注意,由于此时合同并未签订,所以违反意向书并不构成违约,而只是对立约定金的处罚。

(5) 解约定金

解约定金指为保留当事人单方解除主合同的权利所交付的定金。也就是说,一方当事人在交付解约定金后解除合同的话,需要放弃定金;同时,接受定金一方当事人如果解除合同的话,也需要双倍返还定金。它的功能在于通过对定金的加倍返还或放弃给予当事人对合同解除的权利。

3. 定金的成立

我国现行法上,定金合同为要式合同,定金的成立必须有书面定金合同,定金合同不仅需要当事人双方的意思表示一致,而且需要交付定金。定金合同从实际交付定金之日起开始生效。

定金的标的一般是金钱,少数情况下可以由其他物代替。在金钱以外的物作定金标的的场合,之所以要求为代替物,是因为接受定金的当事人不履行债务时,必须双倍返还,而不代替物为定金标的时无法双倍返还。定金的数额由当事人约定,但不得超过主合同标的额的20%,如果超过,则超过的部分,法院不予支持。

第三节 债的转移与消灭

债的转移是指在债的内容与客体保持不变的情形下,债的主体发生变更的法律制度;债的消灭又称为债的终止,是指债的关系当事人双方间的权利义务客观上已经不复存在。下面我们具体分析债的转移与消灭。

一、债的转移

(一)债的转移的概念

债的移转是指债的关系在存续期间,债的主体、内容和客体发生变化的情形或者说,在债的关系存续期间,债的关系的一方当事人依法将其债权、债务全部或者部分地转让给第三人的现象。从广义上来说,债的转移仅指债的主体的变更;从狭义上来说,它指债的内容和客体的变更。通常情况下,债的移转一般指债的主体的变更。也就是在内容和标的不变更的情况下,仅发生债的主体的移位,即新债权人或债务人替代原债权人或债务人。

(二)债权让与

债权让与是指在不变更债的内容及客体的情况下,债权人转移其债权给他人的一种处分行为。可以说,债权让与是处分债权的准物权行为。处分行为可分物权处分行为和准物权处分行为。前者指可以产生物权变动的行为,而后者指产生物权以外权利变动的行为。债权让与是处分债权的行为,它将债权视为财产而进行处分,只是让与客体并非物的所有权,仅为债权而已。可以说,让与行为即刻生效,受让人即刻取得债权。

债权让与发生的原因通常有以下三种情况:(1)因法律行为而发生;(2)因法律规定而发生;(3)因法院的判决或仲裁机构的裁定而发生。

1. 债权让与合同的有效条件

我国民法上,债权让与为债权让与合同生效的结果,它完全是债权让与合同这个债权合同的效力表现。其构成需要满足以下几点要件。

(1)有效债权需要存在

债权让与以有效债权的存在为前提,它以债权为客体。当该客体不存在或无效时,便构成给付不能。

(2)债权具有可让与性

债权的让与需要不违反法律规定,并非所有债权都是可以让与的。我国《合同法》第79条对不可让与的债权做出了一些规定,主要包括以下三个方面:①依据债权性质不得让与的;②法律禁止让与的债权;③因当事人合同而不能让与的债权。

(3)债权让与应当通知债务人

债权让与对债务人利益影响较大,因此,债权让与应当通知债务人。未经通知的,债权的转让不对债务人发生效力。但是,值得注意的是,债权人对债务人的债权转让通知,除经受让人同意外,不得撤销。

2.债权让与的效力

债权让与一般涉及出让人,也就是原债权人,与受让人,也就是新债权人,和债务人三者之间的关系。所以债权让与的效力,可从以下三者之间的关系而展开。

(1)债务人与受让人之间的效力

债权让与发生之后,被让与的债权从原债权人(出让人)转移给新债权人(受让人),债权也相应地对债务人发生效力。可以说,债权让与后,原本在债务人和出让人之间的效力演变为债务人和受让人之间的效力。同时,债务人原本可用来对抗让与人的所有权利也相应地转移为对抗受让人。但是,值得注意的是,对于专属于债权人的从权利将随着主债权的让与而发生效力。

(2)出让人与债务人之间的效力

出让人将债权让与受让人之后,应当通知债务人,并详细告知受让人的情况,以便债务人履行其债务。当债权让与通知完成后,可以说,通常情况下,原本在出让人与债务人之间的效力也随之解除。

(3)让与人与受让人之间的效力

通常情况下,让与人通过合同将债权转让给受让人。债权转让合同属于准物权合同,它以转移和处分债权作为标的,是一种处分行为。同时,为保证受让人可以实现其债权,让与人应当将所有证明债权的文件都交付给受让人,以使其可以充分地行使权益。

(三)债务承担

债务承担指在不改变债权的同一性时,由第三人部分或全部承担债务人债务的法律行为。对于债务人来说,需要将债务转移给他人,所以债务承担属于处分行为;而对债务人来说,只属于负担行为。由于债务承担以债权人的同意为生效要件,因此,在性质上,债务承担属于效力待定的行为。

对于债务承担发生的原因,它和债权让与相似。可以因法律行为而发生,也可由法律规定而发生。一般来说,债务承担通常都是由合同所引起。

1.债务承担的类型

债务承担的类型,可分为免责的债务承担和并存的债务承担两种类型。前者指在债的关系中,由新债务人取代原债务人的位置来承担债务,从而使原债务人摆脱债务关系的情形;而后者指承担人加入债的关系当中,与债务人一起承担债务的情形。可见,免责的债务承担与并存的债务承担之间的本质区别是新债务人是将取代原债务人还是与原债务人共同负担债务。在前者中,原债务人将免除其债务承担;而在后者中,一般来说,原债务人与受让人之间属于连带债务人。

2.免责的债务承担要件

通常情况下,债务承担需要具备以下两个要件:第一,债务需要存在。债务承担以债务的存在为前提,没有有效的债务,也就无所谓债务的承担。第二,债务承担需要经过债权人的同意。债的关系需要债务人对债权人的履行,它的实现通常是建立在债务人具有履行能力的基础之上,并且该履行能力获得了债权人的认可。否则,债权人的利益将处于不确定状态。

3.免责的债务承担的效力

与债权让与相同,债务的承担也涉及三方利益,分别为原债务人、承担人和债权人。因此,对债务承担的效力,应当从这三者当中进行具体分析。

(1)债务人之间的效力

债务的承担最直接的效力是原债务人脱离债的关系,新债务人,也就是承担人,向债权人承担债务。

(2)原债务人与债权人的效力

由于原债务人已经脱离债的关系,因此在债务承担完成后,原债务人与债权之间的关系也随之消灭。同时,从属于主债务的从债务,也随时移归由承担人负担。原债务人相当于脱离所有债的关系。

(3)承担人与债权人的效力

所有原债务人对债权人的关系在债务承担后都转移给承担人。当承担人对债务拒绝履行或履行不当时,债务人只能向承担人主张权利或请求承担责任,原债务人已脱离债的关系。

(四)债的概括承受

债权债务的概括承受指债的当事人将债权债务概括的转移给第三人。其中,转移的可以为全部债权债务,也可为部分债权债务。对于债权债务的部分转移,通常情况下,它因两种情形而发生,即合同承受及企业合并、分立。

1.合同承受

合同承受指当事人一方与他方订立合同之后,依据其与第三人的约定并经对方同意,将合同中的权利义务全部转移给第三人的法律行为。它的直接法律效果是由第三人承受合同中的法律地位,享有合同权利并承担义务。合同承受可因当事人的约定而发生,同时也可根据法律规定而发生。

合同承受的生效要件,通常需要具备以下两点:第一,它以有效合同的存在为前提。可以说,承受合同属于双务合同,需要原合同当事人与第三人达成合意。第二,须经对方当事人的同意。合同承受后的直接法律效果是由第三人来承担合同的法律地位,也就是债权债务转由第三人来承受。

对于合同承受的效力,首先,承受人取得原合同中所约定的所有权利和义务,原合同当事人脱离原来的合同关系;其次,合同承受属于无因行为,承受人对抗原合同当事人的理由,不得用来对抗对方当事人。

2.企业合并或分立

企业合并指原有的两个或两个以上的企业合并为一个企业的过程;企业分立则指一个企业分成两个或两个以上企业的过程。可以说,在经济发展过程中,企业的分立与合并是个非常普遍的现象,很多时候也可以说,它是衡量经济发展的重要因素之一。

在企业合并之后,吸收合并中的被吸收企业或新设合并中的原企业民事主体资格也随之消灭,相对人不能对其主张债权。但是,原有的债权债务并不由于企业的合并而消灭,它应当由合并后的企业概括承受。与合同承受不同的是,企业合并无须征得相对人的同意,它以通知或公告为生效的依据。企业合并发生效力后,合并后的企业成为债权债务关系的主体,享有所有权利并承担义务。企业分立之后,原企业的债权债务应当由分立后的企业按比例共同分担,分立后的企业之间承担连带责任。

二、债的消灭

(一)债的消灭的概念

债的消灭,是指从客观上债的关系不复存在,债权债务归于消灭。

债的消灭原因大致有三类:一是基于当事人的意思,如免除、解除;二是由于债的目的消灭,如不能履行、清偿;三是基于法律的直接规定。

债消灭以后,债的担保及其他权利义务也一同归于消灭,而因为负债字据为债权债务的证明,所以债权人应将负债字据返还给债务人。但是,如果债权人因为证明字据灭失而不能返还,则应向债务人出具债务消灭的字据,而且我国《合同法》第92条规定,债消灭后,当事人应当遵循诚实信用原则,根据交易习惯,履行通知、协助、保密等义务。

(二)清偿

1.清偿的概念

清偿,也就是我们说的履行债务,是指债务人按照法律的规定或者合同的约定向债权人履行义务。债的清偿意味着债权人的权利已经实现,设立债的目的已经达到。当事人设立债的目的既已达到,债的关系也就自然消灭了。在实践中,清偿是债消灭最为主要的原因。

2.代为清偿

清偿可由第三人代而为之,这就是代为清偿制度。鉴于债务人亲自清偿往往是债权人的意愿或者法律的规定。代为清偿必须符合以下要件:(1)有效的代物清偿合意;(2)有效的债的关系存在;(3)他种给付异于原给付;(4)他种给付必须是为了代替原给付而为之。

3.清偿的抵充

清偿抵充,是指债务人对同一债权人负担数宗同种类债务,而债务人的履行不足以清偿全部债务时,决定该履行抵充某宗或者某几宗债务的现象。清偿抵充通常可以根据合同约定、清偿人指定和法律规定三种途径来进行。

清偿抵充必须具备如下要件:(1)必须是债务人对同一债权人负担数宗债务。(2)数宗债务的种类相同。种类不同者,自可依给付的种类确定清偿何宗债务。(3)必须是债务人的给付不足以清偿全部债务,但至少是足以清偿一宗债务,否则,债权人可以拒绝其为一部分清偿,也不发生抵充问题。

(三)抵销

1. 抵销的概念

抵销,是指两人互负债务时,双方各自以其债权充当债务之清偿,而使其债务与对方的债务在对等额内相互消灭。按照抵销的意愿,可以将债权分为主张抵销的债权和被抵销的债权,主张抵销的债权是债务人的债权,也可以叫自动债权、抵销债权或反对债权;被抵销的债权是债权人的债权,也可以叫受动债权或主债权。

2. 抵销的要件

根据我国《合同法》第99条的规定,抵销的生效需要具备以下几个要件。

(1)须双方互负有对待债务

所谓对待债务,是指债的双方互为债务人,双方互负义务,即一方的权利就是他方的义务,他方的权利亦即一方的义务。必须是对待债务,才能用抵销的方式消灭债的关系。若当事人一方对另一方仅有债权而不负债务,或者仅负债务而不享有债权,当然也就不可能抵销。

(2)须双方债务的给付为同一种类

抵销的债务以是同一种类的给付为必要。因为只有在给付的种类相同的情况下,才能保证当事人双方的经济目的一致,这样抵销才能达到满足当事人双方的利益需要的目的。

(3)须双方的债务均已届履行期

因为抵销同时具备清偿的效力,所以只有债务到清偿期时才能够抵销。债务未到清偿期,债权人不能请求履行,若债权人得以其债权与对方的债权抵销,也就等于请求债务人提前清偿。两项债务,如果有一项未到清偿期,未到期的债务人主张抵销的,可以抵销;已届清偿期的一方主张抵销,未到期的一方同意抵销的,也可以抵销。因为这种情况下,法律没有必要违背债务人的意愿去加以限制。如果两项债务都没有规定清偿期,因为债权人都可随时要求债务人履行,则可以抵销。

(4)须双方的债务均为可抵销的债务

抵销的债务须为可以抵销的债务。对于依法律规定、双方约定或者债务的性质不得抵销的债务,不得抵销。法律规定以下几项债务不能抵销:禁止强制执行的债务;约定应向第三人为给付的债务;因故意侵权行为而产生的债务;违约金债务(违约金债务不得自行以扣发货物或者扣付货款等方式作为充抵)、赔偿金债务等。

在实践中,因抵销而消灭债的关系,大多为金钱之债。法人之间的金钱之债,如果互负债务的双方用抵销的方法消灭债的关系时,根据我国有关法律的规定,应当通过双方的开户银行进行划拨。

3. 抵销的效力

根据我国《合同法》第99条第2款的规定,"当事人主张抵销的,应当通知对方。通知自到达对方时生效。抵销不得附条件或者附期限。"

抵销的效力主要在以下三个方面得到体现。

(1)双方的债权债务在抵销数额范围内消灭。抵销后,当事人双方的债务在相同数额范围内归于消灭。双方债权数额不等时,数额多的债权仅留其余额。被抵销人有数个适于抵销的被动债权时,如不足以消灭全部主动债权,则按照清偿抵冲的相关规则决定被抵销的债权,称为抵销的抵冲。对于全部消灭的债权,债务人有权请求返还债权凭证;对于部分消灭的债权,债务人有权请求变更债权凭证。

(2)抵销具有溯及效力。债的关系溯及抵销权发生时消灭,称抵销的溯及效力。抵销为民事法律行为,原则上不溯及既往。但在双方的债务清偿期不一致时,以主张抵销的一方当事人发生抵销权的时间为适于抵销的时间。

(3)因抵销双方债务的消灭为绝对消灭。除法律另有规定外,任何人不得主张撤回抵销。已抵销的债务再为清偿时,发生不当得利。

(四)提存

1. 提存的概念

提存是指债权人没有正当的理由拒绝接受履行或其下落不明,或数人就同一债权主张权利,债权人一时无法确定,致使债务人难于履行债务,债务人可将履行的标的物提交有关部门保存,以消灭债务的行为。

在我国现行的法律中,有一般的提存制度和特殊的提存制度之分。我国《合同法》第101条至第104条对一般的提存制度有明确的规定,是指由于债权人的原因无法向其交付合同标的物时,债务人将该标的物交给提存部门而使合同消灭的制度;特殊提存制度则规定在有关单行法中,这种提存制度不要求具备债务人因债权人的原因而难以履行债务这一原因。

2. 提存的要件

(1)须有可以提存的合法原因

债务人无法向债权人清偿的情况下提存才得以进行,即债务人只有在不能向债权人给付时通过提存来消灭债务。因此,凡因债权人一方的原因致使债务人无法清偿的事实,均为提存的合法原因。如果债务存在难以履行的情况,债务人可以将标的物提存,具体表现如下:①债权人没有正当理由拒绝受领;②债权人下落不明;③债权人死亡未确定继承人或者债权人丧失民事行为能力未确定监护人;④法律规定的其他情形。

(2)提存的主体与客体适当

通常情况下,提存人就是债务人,但提存人不以债务人为限,他可以是任何债务的清偿人。提存机关是法律规定的有权接受提存物并代为保管的机关。

提存的客体也就是提存人交付提存机关保管的物。提存标的物原则上是债务人应给付的标的物。提存物应为适于提存的物。如果标的物不适于提存或者提存费用过高,那么债务人依法可以拍卖或者变卖标的物,并且可以提存所得的价款。

(3)须经法定程序

提存应该按照以下程序执行:首先,由提存人提出提存申请,申请书中写清楚提存的原因、标的物以及标的物的受领人。其次,提存机关审核并同意提存人的申请,指定专门的保管人保管提存物。最后,由提存机关将对提存标的的保存作成提存证书并交给提存人。提存证书的法律效力等同于受领证书的法律效力。

3. 提存的效力

关于提存的效力主要表现在三个方面,即债务人与债权人间的效力、在提存人与提存机关间的效力和在提存机关与债权人间的效力。

(1)在债务人与债权人间的效力

债务人(提存人)的债务自提存之日起即告消灭。提存物在提存期间所产生的孳息归提存受领人所有。除了用于维护的费用,提存的不动产或其他物品的收益,应当存入提存账户。标的物提存使债权得到清偿,债权人享有标的物的所有权,相应地也要负担毁损灭失的风险。

(2)在提存人与提存机关间的效力

提存机关有保管提存标的物的权利和义务,并且为了防止标的物损坏或灭失,应当采取妥善有效的方法保管。提存人如果发现提存出现错误或者提存原因发生灭失,则应当对提存行为进行撤销,并取回提存物。但是如果在提存有效成立期间,即使债权人放弃或丧失请求权,提存人也不得取回提存标的物,当然也不负担保管提存标的物的费用。但是,一旦提存人取回了提存标的物,那么他就应该负担对提存标的物进行保管的费用。

(3)在提存机关与债权人间的效力

提存部门在占有提存标的物期间,负有妥善保管提存物并及时通知债权人领取的义务。提存部门如果没有遵照法律规定或者当事人约定的条件交付提存物,以致当事人遭受损失,提存部门应当承担连带赔偿责任;提存部门及其工作人员未经允许挪用提存物的,除应承担相应民事责任外,对直接责任人员要追究行政责任或刑事责任。对于提存物的权利,如果债权人在从提存之日起的5年内没有行使将归于消灭,提存物在扣除提存费用后归国家所有。

(五)免除

1.免除的概念

免除是指债权人免除债务人的债务而使债务消灭的意思表示。如果免除成立,则债务人不再负担被免除的债务,债权人相应的债权也就不再存在,债即消灭,因此免除债务也为债的消灭原因。

2.免除的方法

各国民事立法规定的免除的方法不完全相同。有的国家的民法规定,运用免除方法消灭债权,须以契约方式进行。有的国家认为,免除从性质上说,属单方的法律行为,因此,其法律规定,免除只需债权人为意思表示即可成立,无须征得对方的同意,即无须以契约方式进行。我国和大多数国家都采取后一种方法。同时,在我国,免除一般只适用于公民之间所设立的债权债务关系。

3.免除的效力

免除的效力是最后使债消灭。债务在免除的范围内消灭,而债的关系也随免除的部分中止。主债务如果因免除而消灭的,从债务也随之消灭。

由于免除债务在实质上来说是对债权的抛弃,所以就法律禁止抛弃的债权而免除债务的,其免除为无效,不产生债消灭的效果。

(六)混同

1.混同的概念

混同是指债权与债务同归于一人,而使债的关系消灭的法律事实。如果原债务人和债权人合为一体,那么就不存在谁向谁履行义务的问题。在这种情形下,原来所设立的债的关系也就自行消灭。

2.混同的成立

债权和债务的混同,通常产生的原因是债权或者债务的承受。从内容上说,其包括概括承受与特定承受。

概括承受是发生混同的主要原因。在企业合并之前,相应的两个企业之间有债权债务;而在企业合并后,债权债务因同归一个企业而消灭。

特定承受是指债务人自债权人处受让债权,或者债权人承担债务人的债务时,因而发生的混同。

3.混同的效力

《合同法》第106条规定:"债权和债务同归于一人的,合同的权利义务终止,但涉及第三人利益的除外。"因此,混同的效力是导致债的关系绝对消灭,并且是从债随主债一起消灭。

第五章 债权研究

法律为贯彻债权的流通性,可以设有例外规定,在债权债务归于一人时,不发生混同的效力。例如,票据法为促进票据的流转,规定票据债权人、债务人为一人的,债不消灭,票据在到期前仍可以转让。

本章小结

债权是得请求他人为一定行为(作为或不作为)的民法上权利。其只在债权人和债务人之间发生效力,原则上债权人和债务人之间的债之关系不能对抗第三人。本章对债权的基本原理进行了系统论述,主要包括债的概念和类型,债的履行、保全和担保,债的转移与消灭。

第六章 合同法研究

合同具有非常广泛的含义,既有生活意义上的,同时也具有法律意义。我国《民法通则》规定:合同是当事人之间设立、变更、终止民事关系的协议,依法成立的合同,是受到法律保护的。任何的法律行为均有目的性,而合同当事人签订合同的目的,是在于行使某种财产权利义务关系,在平等、自愿的基础上实施的民事法律行为。

第一节 合同的订立

一、合同订立的程序

(一)合同订立的概念

合同的订立是缔约人为了能够实现一致的要求和意见进而达成合意的状态,进而使静态协议与动态的行为达成一致,该动态行为包括缔约各方的接触与洽商,由要约邀请、要约以及反要约来制定出规则,对订立合同的缔约人进行约束,才能使合同产生效力,完成缔约的责任。

静态协议指的是要达成合意,合同条款是在合同中已经确定的条款,各方面都享受固定的权利义务,并且,合同成立过程中,承诺条件和合同条款等制度都发挥出规范的作用。

(二)合同订立的一般程序

1. 要约

(1)要约的概念

要约,即是以一方当事人以缔结合同作为目的,向对方当事人提出了合同条件,希望对方当事人能够接受。在进行商业活动或者在进行对外贸易的活动中,要约被作为发价、发盘、出盘以及进行报价等行为。

(2)要约的要件

要约的条件是必须属于特定人为的意思表示。要约人向相对人作出的含有合同条件的意思就是要约,使受约人能够严格按照合同中的规定来履行,要约人属于特定的人,受约人才能行使承诺。所以,要约人是特定的人。特定的人指的是能够为外界客观确定的人。例如自动售货机能够被视为一种要约,最大的因素就在于自动售货机是经过人为来进行设置的。

要约必须要向相对人发出。在得到相对人的承诺以后,要约才能够成立,形成合同,所以,要约是要约人与相对人发生的意思表示,相对人一般属于特定的人,除特定情况外,对不特定的人做出无要约目的时,相对人亦可为不特定人。

要约的缔结以合同为目的。凡是不以缔结合同作为目的的行为,例如接受邀请、参加典礼的请柬,虽然表达了当事人的真实意愿,也不属于要约。如何判断是以缔结合同为目的,主要在于要约与要约邀请之间存在的区别。

要约邀请,又称为要约引诱,是以一方当事人要求对方当事人向自己发出要约(《合同法》第15条第1款)。这样做的目的不是为了订立合同,而是为了邀请对方当事人向其为要约的意思表示。所以,当事人在订立合同过程中的预备行为就是要约邀请,其本身并不具备任何的法律效应。

《合同法》第15条规定,普通商业广告、商品价目表、招标公告、拍卖公告、招股说明书都属于要约邀请。在商业广告的内容上面要清楚、明确地表示出来,使相对人要认清楚其具有的义务,可构成要约。投标、拍卖、自动售货机等则一般为要约(第2款)。

要约的内容必须具体而且是完整的。根据《合同法》第14条规定,要约的内容必须明确,而非含混不清。如果内容不能够明确地表示出来,受约人在不充分了解要约的真实含义时,是难以履行承诺的。要约的内容要是完整的,指的是要约的内容必须具有合同的条件,至少是具备主要的条件,要使受约人的合同成立,这一要件是要区别于要约邀请的主要之点,因为要约邀请不具备合同的全部条件。

《合同法》第14条指出,要约人必须要明确在要约的过程中,受约束的范围,即要约人要像受约人表明,要约一经受约人同意,合同即可成立生效,要约人会受到约束。

(3)要约的效力

要约的法律效力,是要约具有的约束力,在合同生效后,要约人以及受约人都会受到一定的拘束,主要包括了以下几点。

要约的生效时间。当制定的合同采取的是数据电文的形式时,收件人使用特定的数据系统来接收数据电文,该数据电文在进入特定的系统时,就可将其作为到达时间,在没有制定特定系统的,该数据电文在进入收件人的系统的首次时间,视为到达时间。

要约对要约人的拘束力。要约一旦生成,就会对要约人产生一定的拘束力,要约人就会受到要约的拘束,同时并不能随意进行撤回、随意撤销或者进行各种约束限制,进行变更或者扩张。法律所赋予要约的效力,是为了能够保护要约人的合法权益,进而维护交易的安全进行。

2.承诺

(1)承诺的概念

承诺就是受约人做出的同意要约,进而成立合同的方式。在商业的交易过程中,承诺也称为接盘。

(2)承诺的要件

承诺须具备以下要件。

承诺必须由受约人做出。虽然要约和承诺的意义不同,但是都是相对人的一种行为。当受约人为特定的人时,承诺由该特定的人做出;当受约人不是特定的人,则承诺可由不特定人中的任意一人做出。

承诺必须向要约人做出。承诺之所以存在是要约人为了订立合同,所以承诺必须向要约人提出才具有效应。在向要约人的代理人做出承诺时有同样的意义。一旦要约人死亡,所订立的合同就不必要约人亲自履行,受约人可以向要约人的继承人做出承诺。

承诺的内容要与要约的内容相一致。承诺是受约人同意按照要约的内容与要约人订立合同,所以要想合同具备一定的法律效应,即做出的承诺就要使订立的内容与要约的内容实现一致。一旦在承诺过程中,受约人对要约的内容进行了扩张、限制或者变更,即承诺不成立,被视为要约拒绝或者构成反要约。

(三)特殊合同订立方式

1. 广告

在以广告的方式制定合同,其广告多为悬赏广告。悬赏广告,指的是通过以广告的形式来开展对完成一定行为的人,予以报酬的意思表示。对于悬赏广告的性质,是具有不同的观点。一种是单方民事法律行为说,另一种是合同说。

按照合同中所提到的,完成悬赏广告制定的行为属于承诺。对于普通的广告,在性质上为要约邀请,对方当事人即使做出了回应也属于要约,在这一阶段下,是没有进行合同订立的。但是对于商品广告来说,在其内容上符合要约的规定,就可视为要约,对方同意就作为承诺,合同成立。

2.招标投标

进行招标投标的过程中,在招标人向公众或者一部分的人发出了招标的通知后,很多人进而竞争,招标人在众多的投标人中挑选出自己满意的人,进而与之订立合同。按照《招标投标法》做出的规定,我国境内在进行工程建设的项目中,就有对项目进行勘察、设计、施工、监理以及与工程建设有关的重要设备、材料等进行采购的程序。

通常在招标过程中的主要项目有:(1)一些大型的设施、公益事业、社会公共利益、公众安全的项目;(2)全部或者部分使用国有资金或者国家进行融资的项目;(3)使用国际组织或者国外政府贷款、援助资金的项目。招标投标的主要有招标阶段、投标阶段、开标阶段、评标阶段以及定标阶段。

3.拍卖

在进行拍卖时,通过公开竞价的形式,将特定的物品或者财产权利转让给更高价格的买卖者的方式。在进行拍卖的过程中,要有拍卖标的,标的是委托人所有或者依法进行处分的物品或者财产权利。依照法律的相关规定,需要经过审批才能进行转让的物品或者财产权利。在拍卖的前期,应当依法办理审批手续。在进行拍卖文物时,在拍卖前,应当经拍卖人所在地的文物行政管理部门依法进行鉴定或得到许可。

4.强制缔约

强制缔约就是指个人或者企业负有能够应对对方的请求或者制定合同的义务。换句话说,当双方当事人制定好约定时,非有正当理由者是不得拒绝承诺的。对于强制缔约来说,当事人必须负承诺义务。

对于一些公共的单位,如邮政、电信、电业、煤气、天然气、自来水、铁路、公路等,《合同法》第289条规定,非有正当理由不得拒绝用户缔约的请求。这也是为了保障用户和消费者日常必需不可缺少的法律措施。

在医院中，医生非有正当理由不得拒绝诊疗、检验或者调剂处方。这是救死扶伤必备的。

出租车司机在非有正当理由下，不得拒载乘客。

在强制缔约的情况下，缔约义务人对要约的沉默通常可以理解为默示承诺。关于缔约的内容，有国家或者行业标准的，依照标准来确定，如果没有标准的，按照合理的标准确定。假若运行负担缔约义务人属于任意要价的行为，或者对用户和消费者过于苛刻，强制缔约就会失去意义。

缔约义务人在无正当理由时，不得拒绝缔约，如果对对方造成损害的，应当负损害赔偿责任。

(四)合同的成立

一旦承诺生效后，则为合同成立。当双方当事人采用的是书面的形式来签订合同的，即在双方当事人经过签字或者盖章后成立合同，进而合同生效。如果当事人采取的是信件或者数据电文的形式订立合同，签约人在签订确认书时，合同就成立。

如果双方当事人在成立合同的初期就存在争议，人民法院就要对当事人的名字、名称、标的以及数量进行确定，通常都可认定为合同成立。除了法律所另行规定的以外。

当双方当事人之间没有做出书面合同的，一方通常以送货单、收货单、结算单、发票等作为买卖合同关系，人民法院应当结合当事人之间的交易方式、交易习惯以及其他相关的证据，对买卖合同的成立做出认定。

承诺中所规定的生效地点就是合同成立的地点，依据《合同法》第34条规定可以看出。如果订立的合同是以电文的形式进行，收件人的主营业地点就是合同的成立地点，如果没有主营业地点，就以经常居住的地点为合同成立的地点。如果地点是双方当事人所另行约定的，要按照其约定来进行。当事人采用合同书形式订定合同没有约定合同签订地的,双方当事人签字或者盖章的地点就为合同的成立地点。

《合同法解释(二)》第 4 条显示,双方签字或者盖章不在同一地点的,就以最后签字或者盖章的地点为合同的成立地点。当事人约定合同形式,当事人未采用约定形式的,合同推定为不成立。

二、合同的内容与解释

(一)合同的内容

合同,作为民事法律行为,其内容就是合同条款,作为债的关系,其内容主要为合同权利义务,是由合同条款固定。因此可以看出合同条款具有很大的重要性。但是不同的合同条款在合同中所起到的作用、具有的地位以及具有的形式是不同的。

为了示范较完备的合同条款,《合同法》第 12 条规定了如下条款,提示缔约人。

1.当事人的名称或者姓名与住所

当事人是合同权利义务的承受者,如果合同中缺少了当事人,那么合同就没有存在的意义,因此,制定的合同中要有当事人这一条款。当事人由其名称或者姓名住所进行强化或者进行固定,具有合同条款的草拟必须要写清楚当事人的名称、姓名和住所。

2.标的

标的就是合同权利义务中所指的对象。一旦合同中没有标的的存在,合同也就失去了意义。所以,标的是一切合同的主要条款。在《合同法》的第 12 条规定中,标的是指标的物,所以在规定下,就要有标的的质量以及数量。所以,对于《合同法》以及相关司法解释所提出的标的,要按照标的物在进行理解。

标的条款必须清楚地写明标的名称,以使标的特定化,能够界定权利义务。

3.质量与数量

合同中标的所具有的条件为标的的质量和数量,是为了能够有效地区分不同标的所具有的特征。标的的质量即标的的技术指标、质量要求、规格、型号等,都要明确地做出指示。标的的数量要确切。

首先要选择的是双方所共同接受的计量单位;其次要明确双方认可的计量方法;最后是允许规定合理的磅差或者尾差。标的物的数量为主要条款;标的物的质量若能通过有关的规则及方式推定出来,则合同中欠缺这样的条款也不影响合同的成立。

4.价款或者酬金

价款就是取得标的物所应支付的代价,酬金是所得服务所应支付的代价。价款通常指的是标的物本身就具备的价值,但是在商业的交易上属于异地交货,因此就会产生各种费用,如运费、保险费、装卸费、报关费以及保管费等额外的费用,通常是由哪一方支付,就要在价款中说明。

5.履行的期限、地点、方式

履行期限直接关系到合同义务完成的时间,涉及当事人的期限权益,同时也确定是否违约的因素,都具有十分重要的作用,履行期限可以规定为即时履行和定时履行,还可以规定为在一定期限内履行,如果是分期进行履行,应当写明每期的准确时间。

进行履行的地点是指确定验收的地点,是为了有效地确定运输费用由谁负担、风险由谁来承受的依据,有时也是为了确定标的物能够进行转移以及什么时候进行转移的依据,还是确定诉讼管辖的依据之一,对于涉及合同纠纷的,它就是确定法律适用的一项十分重要的依据。

履行方式,即是进行一次交付还是进行分期分批的交付,是进行实物交付或者交付标的物的所有权凭证,如是铁路运输还是空运或者水运等,同样关系到当事人的物质利益,合同中应当注明,但是大多合同中,它不属于主要的条款。

履行的期限、地点、方式如果能够通过有关的方式进行,则合同即使欠缺了也不影响成立。

6. 解决争议的方法

在合同订立实施的过程中,如果存在争议,应当如何解决。解决争议的办法指的是在解决有关争议的过程中运用了什么程序、运用了何种法律以及选择了哪家检验或是鉴定中心。当事人双方在合同中约定的仲裁条款、选择诉讼法院的条款、选择检验或者鉴定机构的条款、涉及合同中法律所适用的条款、协商解决争议的条款,都属于解决争议方法的条款。

(二)合同的主要条款与普通条款

合同条款依其作用可分为合同的主要条款和普通条款。

1. 合同的主要条款

合同的主要条款,指的是合同必须具备的条款,如果缺少,合同是不成立的。

合同的主要条款是直接受到法律规定的。当法律在规定了某些合同中的一些条款时,该条款就属于主要条款。例如,《合同法》要求借款合同应有币种的条款(第 197 条第 2 款),该条款即为合同的主要条款。

合同的主要条款是由合同所具有的类型和性质进行决定的。按照合同的类型以及性质,应当具备的条款就是合同的主要条款。如,价款合同就是买卖合同的主要条款,但不是赠与合同的主要条款。

合同当中的主要条款可以由当事人约定来产生。例如,在买卖合同中关于交货的地点的条款,当一方提出,要严格按照该条款达成协议,则该条例就是主要条款;如果双方都没有提出必须的交易地点,该条款就不是主要条款。

2.合同的普通条款

合同中的普通条款,指的是合同主要条款以外的条款,包括以下几种。

其一,法律和合同中都没有直接进行规定的,当事人无意中使其成为主要条款的合同条款。例如,关于包装物返还的约定和免责条款等均属此类。

其二,当事人并没有在合同中提出的或者是没有进行协商的行为,合同所明示的条款,都应存在在合同中,英美合同法称其是默示条款。

它包括以下内容:

(1)该条款所发生的作用在实现的过程中是必不可少的,只有认定其存在,合同才能达到其目的和实现。

(2)对于经营者来说,该条款的存在已经成为一种惯性,即在内容上已经成为公认的商业经营习惯。

(3)属于交易过程中惯有规则。

(4)属于某些特定行业中的规则,是进行明示或者约定的交易规则,在行业内具有一定的默示效力。

(5)直接根据法律规定而成为合同条款。

其三,特意待定条款。属于当事人将其有意或者是留在以后进行谈判中使用的,或者是由第三人来确定,根据实际的情况来确定合同中的条款。其存在并不妨碍合同的生成。

(三)合同的解释

1.合同解释的概念

合同解释就是对合同以及其所具有的含义进行分析和说明。

由人民法院或者仲裁机构对合同中存在的纠纷进行分析和说明，具有一定的法律约束力，属于对合同解释的狭义看法。其他人对合同及相关资料所做的分析和说明皆为无权解释，是没有法律约束力的。

这里所指出的资料就是与交易所有关的环境因素，其中包括书面文据、口头陈述、双方表现及其意思行为。同时还有双方缔约前所进行谈判的活动和交易过程、履行过程或者惯例。

2. 合同解释的原则

(1) 以合同文义为出发点，客观主义结合主观主义原则

合同条款是由语言文字所构成的。如何能够准确地确定合同中所有条款具有的含义，就要了解其所用的词句，确定词句的含义。所以，合同在解释前要先进行文义的解释。《合同法》第125条第1款关于"应当按照合同所使用的词句"解释的规定，是对这一原则的确认。

如何确定合同用语的含义，指的是需要明确该语句通常的意义，当事人可以按照通常使用该词语时也要如此。但是当事人赋予该词语其特别的含义时，合同解释就是双方当事人签订合同时使用的含义。

当事人对合同的解释，首先是以合同用语为载体，就是一句合同用语合理的解释合同。但通常会因为主客观方面的因素，合同用语不能准确反映当事人所表达的真实意思，甚至还会曲解当事人的意思，出现相反的情况，因此，就不能按照合同中的字面意思来理解，应当全面地结合合同的文字和环境进行考虑。

(2) 体系解释原则

体系解释，同时也可以称为整体解释，就是将合同中的全部条款和构成合同的部分看作一个整体，进而从合同的条款、组成部分、所处地位、总体联系中对当事人具有争议的部分进行阐明。各国的法律都认可体系解释，体系解释可以被认为是普遍的解释原则，我国的《合同法》第125条第1款中关于合同的有关条款解

释规定,是对这一原则的确认。

关于合同解释应贯彻体系解释的原因在于:

首先,合同条款经过双方当事人进行协商后定下来的,应当平等对待,视为统一体。

其次,当事人合同中所使用的语言文字,在合同中进行表达和传递的内容都是有组织进行的,它们之间是由关联进行排列的。因此,在理解合同内容的过程中,如果不联系上下文,不与其他的词语联系起来,是不能正确理解当事人的实际意图,反之,还会产生其他的误解。

最后,合同中的内容不仅仅是依靠单纯的合同文本来体现的,而是包括了很多方面的内容,其中还可能包括了双方合同文本内容的修改或者是对内容的补充与说明,也包括对合同进行担保以及其他特殊的信用要求。

通过上述的分析可以看出,在确定某一条款或者解释某一词语的意思时,应当要结合所提供的各种材料来公共解释,以便通过其他合同成分或者证据材料的帮助,明确争议内容具有的意义。

(3)历史解释原则

合同是当事人进行交易的过程,所以解释合同是不能存在缺陷的,应当适当地斟酌签订合同过程中的事实和资料,例如进行磋商过程、来往文件和合同草案等进行解释。如甲为精密机床制造商,与乙订立买卖合同,约定出卖其自产某设备于乙,乙支付价款若干。后发现该设备共 A、B 两个型号,合同对买卖设备的型号约定不明。甲主张为 B 型,乙主张为 A 型,发生争议。现有证据表明,双方缔约过程中,甲仅向乙提供了 A 型的产品说明。采历史解释原则,宜认定双方约定买卖的设备为 A 型。

(4)符合合同目的原则

当事人为了达成一定的目的而产生的以文件的形式来制定的就是合同,合同中的各项条款都是为了达成某种目的而存在。所以,要确定合同的整个含义以及内容,就要查看是否符合制定合同的目的，《合同法》第 125 条第 1 款中关于合同目的的解释做出了规定，就是对这一原则的确定。

合同的目的，首先是合同所具有的典型的交易目的，即给予所欲实现的法律效果。这种具有典型交易目的的原则是在每一类合同中都是相同的，不会因为当事人订立了某一具体合同而发生改变。例如，在买卖合同中，买受人的典型交易目的是取得标的物的所有权，出卖人的典型交易目的是获得价款。在赠与合同中，典型交易目的是转移赠与物的所有权。

因为典型交易目的决定了给予的法律性质及对其所适用的法规，所以，依据符合合同目的原则解释，首先确定被解释合同的典型交易目的，就可以锁定合同的性质、种类，进而确定出适用于被解释合同的法律规范。

3. 合同解释的规则

合同解释的规则，也属于合同解释的方法。以下一些方法是结合我国实践，参考普通法系的若干规则得出的。

(1) 推定不违法

如果对于一份合同或者一个条款出现了两种合理的解释，其中一种解释与法律相一致，另一种解释则是相反的，将该合同或者该条款解释为合法。

(2) 特别条款优先于一般条款

合同中如果有书面的一般条款，又有特别条款，特别条款优先于一般条款；特别用语优先于定式条款用语。

(3) 有利于公共利益

如果合同用语可合理地得出两种解释，且只有一种解释有利于公共利益时，那么该解释将被优先考虑。

第二节 合同的效力

由于不同的合同具有不同的性质,具有的主要条款也都不同,所以,合同所成立的主要条款,就是由合同的性质来决定。成立合同只是为了合同当事人之间所存在的问题,并不是成立合同就能够产生法律拘束力。换句话说,即使是合同成立了,如果不符合法律规定的生效条件,仍然不能产生法律效力。

一、合同的成立与生效

合同的成立与生效就是指合同成立后在当事人之间产生了一定的法律约束力,就是通常所说的法律效力。但是法律效力并不是合同中所具有的约束力,合同本身并不是法律,而是当事人的意愿,并不能像法律那样具有效力。

合同中的法律效力,就是制定出的合同对当事人具有一定的约束力。但是合同中的约束力是来自法律,并不是当事人所赋予的。当事人的意志符合国家的意志与社会的利益,所以国家赋予当事人一定的约束力,制定合同的当事人必须要严格履行。

《合同法》第8条第1款规定:"依法成立的合同,对当事人具有法律约束力。当事人应当按照约定履行自己的义务,不得擅自变更或者解除合同。"可见,合同的约束力主要体现在对当事人的约束力上,具体体现在权利和义务两方面。

二、合同的生效要件

(一)行为人具有相应的民事行为能力

《合同法》第 9 条第 1 款规定:"当事人订立合同,应当具有相应的民事权利能力和民事行为能力。"这对于保护当事人的利益,维护社会经济秩序,是十分必要的。因此,自然人订立合同,应当具有相应的民事行为能力。法人的行为能力是特殊的行为能力。

法人要核准登记的生产经营和业务的范围,要在这个范围内进行活动,法人如果越权经营,不仅会涉及法人本身,也会涉及法人与相对人的交易问题。一旦法人的行为已经造成越权发生了,相对人不知道或不应当知道法人的行为越权,则会因为超越经营范围而宣告无效,会使第三人直接受到损失。但是这种损失无法向法人要求补偿,这对相对人是不公平的,同时也不利于交易秩序的维护。超越经营范围的合同是无效的,不利于经济的发展和交易的进行,同时也不利于保护相对人。

关于法人超越经营范围订立合同的行为是否无效的问题,我国《合同法》并未做出规定。《合同法解释(一)》第 10 条规定:"当事人超越经营范围订立合同,人民法院不因此认定合同无效。但违反国家限制经营、特许经营以及法律、行政法规禁止经营规定的除外。"

这也可以表明,合同中所设立的经营范围如果被超越了一般认定为是有效的,但是一旦违反了国家限制经营、特许经营以及法律、行政法规禁止经营规定,如果买卖烟草或者银行业务允许从事烟草专卖和银行业务,并与他人订立合同,则应当认定合同无效。

(二)意思表示真实

意思表示指的是行为人使用外部的行为来表示其所设立、变更、终止的民事权利义务。意思表示所传达的是表意人内心深处最真实的想法。即意思表示真实要求表示行为应当与效果意思相一致。

合同的本质其实就是当事人之间的一种合意具有一定的法律约束力,符合法律的规定。而当事人的意思表示能否产生此种约束力,关键是由意思表示能否与人的真实意思相符合来决定的,即在意思的表示过程中是否具有真实性。因此,意思表示真实是合同生效的重要构成要件。

当发生意思表示不够真实的情况时,一方面,不能以行为的态度来表示外部的意思,同时要考虑行为人的内心意思。如,行为人是否遭到了威胁、欺诈,在这些情况下所做出的意思表示,是与行为人的真实意思不符合的。如果没有考虑到行为人的真实意志,就认为行为人外部的意思有效,即可认为行为人在受到欺诈和胁迫的情况下作出的合同是有效的,这种情况下,所做出的合同不利于保护行为人的意思,同时包庇了一些违法的行为,破坏法律秩序。

另一方面,在考虑行为人意思的过程中,也不能只考虑行为人的内心意思,而不考虑行为人的外部表示,一般行为人的内心是别人所无法进行考察和判断的,一旦行为人觉得合同中的条例与自己的真实意思不符合,就会使合同的效力受到影响,使相对方的利益受到损害。因此,在成立合同的过程中,任何当事人都不得以自己考虑不周、不了解市场发展、业务能力差等为借口来推翻合同。

一旦合同成立,就会在当事人之间产生约束力。如果当事人是在被胁迫、受欺诈以及重大误解等法律固定的情况下做出与自己真实意思不符合的意思表示,则就可以根据相关的法律规定,由人民法院或者是仲裁机构来撤销该行为,并根据具体情况追究有过错的一方或者双方当事人的责任。

(三)不违反法律和社会公共利益

合同不违反法律就是指合同在制定的过程中不得违反法律

的强行性规定。强行性规定指的是必须要由当事人来遵守规定，是不得以其他的协议来进行改变的。在《合同法》中还包括了大量的任意性规定，这些规定的作用是为了指导当事人，当事人可以实施合法的行为来进行改变这些规范。

通常，法律条文中，用"可以"做什么来表示任意性规范，当事人并非要执行，而是一种行为标准。对于出现"必须""不得"等词语时，就有一定的强制性，要求当事人必须严格遵守，不得通过协商等途径来改变。

合同不违反法律，主要是指合同的内容具有合法性，即合同中所制定的各项条款都要符合法律的规定。合同违法并不是只有合同内容违法，同时还有形式违法，所以在制定合同的过程中形式要件要在法定的情况下施行。

合同在制定的过程中不仅要符合法律规定，同时在内容上不得违反社会公共利益。在合同制定的过程中不得违反社会公共利益，这样有助于弥补法律中的一些缺陷。对于那些表面上虽然没有违反现行的立法规定，但是在实际行使的过程中却损害了全体人民的共同利益，也破坏了社会经济生活秩序，都应认为是违反了社会公共利益。

社会公共利益也可以作为衡量合同生效的主要条件，也有利于维护社会公共道德，因为社会公共利益本身包含了很多符合社会公共道德的要求。

(四)合同必须具备法律所要求的形式

《合同法》第44条规定："依法成立的合同，自成立时生效。""法律、行政法规规定应当办理批准、登记等手续生效的，依照其规定。"如果法律对合同的方式做出了特殊规定，当事人必须遵守法律规定。

《合同法解释(一)》第9条第1款规定："依照合同法第四十四条第二款的规定，法律、行政法规规定合同应当办理批准手续，或者办理批准、登记手续才生效，在一审法庭辩论终结前当事人仍未办理批准手续的,或者仍未办理批准、登记等手续的,人民法院应当认定该合同未生效;法律、行政法规规定合同应当办理登记手续,但未规定登记后生效的,当事人未办理登记手续不影响合同的效力,合同标的物所有权及其他物权不能转移。"

《合同法解释(二)》第 8 条还规定:"依照法律、行政法规的规定经批准或者登记才能生效的合同成立后,有义务办理申请批准或者申请登记等手续的一方当事人未按照法律规定或者合同约定办理申请批准或者未申请登记的,属于合同法第四十二条第(三)项规定的'其他违背诚实信用原则的行为',人民法院可以根据案件的具体情况和相对人的请求,判决相对人自己办理有关手续;对方当事人对由此产生的费用和给相对人造成的实际损失,应当承担损害赔偿责任。"

三、合同被确认无效或被撤销的后果

我国《合同法》第 56 条规定:"无效的合同或者被撤销的合同始终都没有法律约束力。"所以,一旦合同被认定为无效或者撤销后,将溯及既往,自合同成立就无效,而不是在合同被确认为无效后生效的,尤其是对无效的合同来说,因为其在内容上具有不法性,即使当事人在事后追究,也不能使这些合同产生效应。

合同在被认为无效后撤销,合同关系将不复存在,合同中的原当事人不再具有任何的法律约束力,当事人不得基于原合同中的内容自作主张行使任何的权益和义务。合同被确认无效或者被撤销后,一般认为,将产生返还财产和赔偿损失的后果。

(一)返还财产

根据我国《合同法》第 58 条规定,"合同无效或者被撤销后,因该合同取得的财产,应当予以返还;不能返还或者没有必要返还的,应当折价补偿"。返还财产,指的是一方当事人在合同被确认无效或者被撤销以后,对已经交付给对方的财产享有返还申请权,同时已经接受对方交付的财产,是由义务返还给对方的。

我国《合同法》第 59 条特别规定:"当事人恶意串通,损害国家、集体或者第三人利益的,因此取得的财产收归国家所有或者返还集体、第三人。"这一规定也体现了对双方违法行为的制裁。

(二)赔偿损失

合同被确认无效或被撤销以后,也将产生损害赔偿的责任。我国《合同法》第 58 条规定:"合同无效或者被撤销后……有过错的一方应当赔偿对方因此所受到的损失,双方都有过错的,应当各自承担相应的责任。"

在合同无效后,进行损害赔偿主要可以从两个方面来体现:一是在合同订立的过程中,因为一方进行恶意的谈判、欺诈或者泄露了商业秘密,给另一方造成了损失。二是在合同履行的过程中非过错的一方因为对方的欺诈等各种违法目的造成了损失。但是损害赔偿的直接目的应当是使受害人达到从未订立合同的效果,使合同关系恢复原状,使当事人达到合同未订立的状态。

权利人在请求的过程中由于对方的过错使信任受到了损失,同时因为信赖合同将有效支付各种订约和履行费用,而合同无效后,这些所花费的数额并没有得到补偿,所以就有权要求过错方予以进行赔偿,过错方赔偿的范围包括了因信赖合同中订约和履行的费用,不应当包括合同在有效的情况下获得的期待利益的损失。

我国《合同法》第 58 条规定,在确定损害赔偿的范围时,要考虑赔偿义务人的过错。合同在认定无效或者被撤销后,有过错的一方应当赔偿对方所遭受的损失,当双方之间都有过错的,应当各自承担相应的责任。由此可以看出,合同无效后,合同中出现的过错是判断赔偿责任的重要构成要件,过错的表现有很多种形式,如违反了法律规定、采取了欺诈和胁迫手段、乘人之危等。

在承担赔偿的过程中,如果是一方的过错,则由有过错的一方向无过错的一方进行损失的补偿。如果是双方都有过错,要根据双方的过错原则,依照过错的程度来确定其相应的赔偿责任。如,一方故意给另一方造成损失的,则由故意的一方承担较大的责任。如果双方的过错相当,可以由双方自己承担自己的过错。一旦双方之间相互串通,互相损害国家、集体或者损害了第三方的利益,要将其所获得财产收归返还给国家、集体或者第三方。

当合同被认定为无效或者被撤销后,当事人不仅要承担民事责任,还可能会因为其他的违法行为承担行政或者刑事责任,如追缴当事人的非法所得、收归国库,以及吊销营业执照等。

第三节 合同的履行和保全

一、合同履行的概念

《合同法》第 60 条第 1 款规定:"当事人应当按照约定,全面履行自己的义务。"合同的履行是指债务人依照合同和法律中的约定,依法进行全面、正确的行为。合同履行的前提是债权得以实现的前提,也是建立信用经济的基础,只有合同得到履行,才能形成良好的市场经济秩序。

合同的履行能够很好地体现合同所具有的效力,是合同必须严格遵守的基本原则。可以说,合同的履行是《合同法》所要解决的核心问题,是合同关系从产生到消亡过程中的中心环节。合同的履行制度在整个《合同法》中居于重要地位。合同履行具有以下几个特点。

合同的履行是指合同当事人依据法律和合同的约定做出给付、实现债权人的债权的行为。合同履行的形态是多样的,如交付约定的标的物、完成约定的工作并交付工作成果、提供约定的服务等。履行大多是积极的给付行为,也可以是不作为。但在合同履行的各个阶段,都要符合法律和当事人约定的要求,并应当遵循诚实信用原则,根据交易习惯履行通知、协助、保密等义务。

合同的履行是债务人自觉实现给付义务的行为。这就是说,履行是债务人自觉依据法律和合同约定实施的行为,而不是在其不履行的情况下,由法院强制其履行的行为。

合同履行是一种达到清偿结果的手段,这就决定了履行必须符合法律和合同的约定,必须是债务人全面地、正确地做出履行的行为,履行必须在效果上达到给付行为与给付结果的统一。债务人依据法律规定和合同的约定全面地、正确地做出履行,构成清偿,作为债的消灭原因,必然导致合同权利义务关系的消灭。

二、合同履行的原则

所谓合同履行的原则就是指合同中所制定的各种依法遵守的原则,能够指导合同当事人遵守的规则。合同的履行原则是《合同法》的基本原则,在《合同法》第 60 条中规定:合同有全面履行原则和依据诚实信用原则履行的原则。

(一)全面履行原则

全面履行原则,顾名思义就是指合同当事人根据合同中所制定的各种规则,全面来履行其义务。换言之,对于债权人应当全面适当地完成合同中的义务,从而使债权人合同中的债权得到更加全面的实现。具体来说,合同全面履行的原则包括以下几方面内容。

制定的合同必须要严格遵守。全面履行合同中的条款,就是指当事人依照合同中约定的时间、地点、主体、标的以及使用的方式来履行合同的规定。

按照合同中的规定,当事人应当根据合同的约定履行义务。合同中会对履行的地点、方式、数量以及质量方面都有所要求,合同当事人要严格依照制定的原则来履行,否则就容易构成违约。如果合同约定不明确或者没有做出约定,就应当按照法律的规定和合同的漏洞填补的方法确定其义务,并做出履行。

双务合同中的同时履行原则。合同的全面履行原则是针对各类合同的履行而设定的。在双务合同中,判定当事人全面履行的一个重要标准便是如果合同未规定履行的先后顺序,则双方当事人应同时履行。如果一方不履行其义务,另一方在对方提出履行请求时,有权拒绝自己的履行。

协作履行原则。按照全面履行原则,双方当事人不仅要严格按照合同中的约定来进行履行,而且当事人在合同的履行过程中应当给予对方一定的协作帮助。在绝大多数的情况下,不仅是债务人要履行合同中的规定,同时也需要对方当事人来协助完成。

债权人要及时接受合同中的原则,虽然需要对债权人进行协助。但是其内容是很广泛的,协助也是必不可少的,协助也只能由当事人提供。一方在履行其义务的过程中,也应当由合理的理由期待另一方给予协作。在发生合同纠纷以后,当事人应该各自主动地承担相应的责任,而不应当相互推诿。

对无正当理由变更和解除的限制。全面履行原则意味着合同当事人的任何一方,在不经过对方的同意下不得进行合同的更改,否则构成违约,是需要承担违约责任的。合同在有效成立后,未经过对方同意,当事人不得单方面解除合同其不享有法定的解除权的。即使是享有解除权,也要在规定的期限内行使,超过了规定的期限内解除合同不能产生解除的效果。

(二)依据诚实信用原则履行的原则

《合同法》第 60 条第 2 款规定:"当事人应当遵循诚实信用原则,根据合同的性质、目的和交易习惯履行通知、协助、保密等义务。"合同在履行的过程中,在法律或者合同中对合同义务作出了明确的规定,当事人首先应当根据法律和合同全面地履行义务,不需要按照诚实守信的原则进行。因为诚实信用原则是属于一般的法律条款,其内涵是比较抽象的,具有一定的不确定性,不像合同约定那样具体、明确,不能以诚信替代当事人约定的义务。

只有在合同约定存在漏洞导致不能履行的情况下,才能允许法官依据诚实信用原则确定合同义务。从这个角度而言,全面履行是第一位的,其次才应当依据诚实信用原则履行。诚实信用原则在履行中的适用范围主要包括以下几个方面。

1. 附随义务的履行

附随义务是在诚实信用原则和交易习惯下所产生的各种附随主义务的义务,包括进行通知、协助、保密等。除了这种履行过程中的附随义务外,合同的权利义务终止后,当事人还应按照交易习惯履行通知、协助以及保密义务。

在履行中,债务人应当做好必要准备,履行使用方法的告知义务、重要情事的告知义务、忠实的义务,不应做破坏债权人期待的行为;债权人对债务人的履行应当提供必要的协助(如给予指示、提供履行条件、协助办理特定手续、接受交付等)。当事人在整个合同过程中应保护相对人的人身、健康、财产等法益。这些附随义务与主义务构成了合同义务的义务群。

2. 诚实信用原则在合同履行中的其他具体适用情形

当制定好合同但是还未履行之前,当事人双方都应按照诚实信用原则,严守诺言,认真做好各种履约工作,不得滥用抗辩权。

在履行合同的过程中,当事人双方都应当按照诚实信用原则来进行义务的履行。如,在进行大额款项的交付过程中,不得故意用硬币进行交付。再如,债务人支付数量不足的情况下,但是差距比较小的情况时,对债权人没有造成明显损害的,债权人不得拒绝接受,不得援引同时履行抗辩的规定拒付货款。

当事人在合同订立之后,由于不可将责任归责于双方的原因导致了情事发生了变化,导致合同在基础上发生了动摇丧失,且导致当事人利益的严重失衡,根据国外有关的判例学说,允许当事人依据诚实信用原则来变更合同中规则,我国《合同法》并没有承认情事变更制度,有关情事变更问题尚有待于法律做出规定。

在合同履行过程中,因一方的不履行或不适当履行,另一方可以享有同时履行抗辩权。但同时履行抗辩权的行使必须遵循诚实信用原则,不得滥用抗辩权而造成他人的损失。

如果当事人对合同约定的义务发生争议,则应当按照诚实信用原则做出解释,并依据诚实信用原则履行义务。例如,如果合同未规定履行时间,债务人提出履行,必须依据诚信原则,给对方必要的准备时间。如果合同规定了履行期限,债务人在选择具体的履行时间时也必须遵循诚信原则。

如何在履行合同的过程中发生了争议,当事人双方都应当依据诚实信用原则妥善处理争议,应当主动承担责任的损失,避免给对方造成不应有的损失。无论实行的是替代性的购买还是替代性的销售,都应按照诚实信用原则进行,不得高价购买、低价变卖,进而损害另一方的利益。

三、合同保全概述

合同保全,是指为了防止债务人的财产在增加或是减少的过程中给债权人造成了损失,就允许债权人行使撤销权或者代位权,以保护债权人的权利。合同保全包括债权人的撤销权和债权人的代位权。

合同保全的特点主要表现在以下几方面。

(1)合同保全是合同相对性规则的例外。合同具有相对性,合同的债发生在合同当事人之间。但是在进行代位权或者撤销权的过程中,会对第三人产生效力,这种现象可以被看作合同相对性规则中的一种例外。

(2)合同的保全主要是在合同成立后发生的。即当合同生效或者履行完成后,都可以采取保全措施,但是当合同没有成立、生效,或者合同已经被解除、撤销,都不能采取保全措施。

(3)合同保全的基本方法是确认债权人享有代位权或者是撤销权。这两种措施都是为了防止减少或者恢复债务人的财权情况,继而有效地实现权利的维护。不论债务人是否实施了违约行为,只有债务人在实施了不当的处分后危害了债权人的债权时,债权人就可以采取保全措施。由此可以看出,合同保全与违约责任是两种不同的概念。

第四节 合同的变更和解除

合同的变更就是在合同成立后,不改变合同的当事人,而将合同中的权利义务进行改变。合同的解除,指的是合同成立后,当具备了解除的条件时,由于当事人一方或者双方都对合同具有解除的意思后,合同关系自始至终都将具有消灭的行为。

一、合同变更与解除的概念

合同的解除可以分为两种,一种是单方解除,另一种是协议解除。单方解除就是不需要对方当事人的同意,就可以将合同直接解除;但是协议解除就是要经过双方当事人的同意后,将合同解除的行为,这里是不需要具备解除权的。协商一致,是在双方之间重新成立一个合同,但是将原先的合同中的内容作废,使原先合同中的债务权归于消灭。

合同解除还可以分为法定解除和约定解除两种。法定解除就是由法律直接规定的,在法定解除的过程中,有的条件能够适用于所有的合同,但是有的条件只能适用于特定的一些合同。前者通常为法定解除,后者称为特定法定解除。

约定解除,就是当双方当事人在以合同的形式,约定保留解除权的解除。解除权能够留给一方当事人,也可以留给双方当事人。当保留解除权,当事人可以在订立合同约定时进行约定,也可以在另外订立合同时解除权合同。

约定解除和协议解除在一点上很相似,即以合同的形式将原订的合同加以解除,但同时二者也有很多不同,约定解除通过运用合同来规定当事人一方或者双方的接触权,而协议解除就是使用一个新的合同来解除原先制定的合同,与解除权是无关的。《合同法》已经承认了约定解除(第93条第2款),值得肯定。

约定解除是根据当事人的意思表示所产生的,其本身是有一定的灵活性。当面临较为复杂的事务时,可以更加准确地适应当事人的需求。虽然当事人可能采取的约定解除目的不同,但是主要考虑客观存在的障碍,可以在合同的约束中解脱出来,给终止合同留有余地,以维护自己的合法权益。

要应对市场的变化,作为市场的主体,就有必要将合同条款中的各项规定制定得更加细致和灵活,使其更加具有执行能力,其中也包括保留解除权的条款,使自己处于主动而有力的地位。

这里所说的合同变更、合同解除均以有效成立的合同为对象。不过,存在着可撤销原因的合同在未行使撤销权的情况下,也可以成为解除的对象。合同变更需要具备变更的条件,合同解除需要具备解除的条件;合同变更需双方当事人协商一致,合同解除需有解除行为。

二、合同变更与解除的程序与法律后果

(一)合同变更与解除的程序

合同变更的程序,就是双方当事人对合同变更协商一致。法律、行政法规规定变更合同应当办理批准、登记等手续的,依照其规定(《合同法》第77条)。

合同的解除一般由两个方面组成,一是协议解除的程序,二是行使解除权的程序。

1. 协议解除的程序

经双方当事人协商同意后,将合同进行解除,协议解除的程

序所具有的特点取决于双方当事人所具有相同的见解与意愿相一致,而不是由一方当事人的意思表示,同时也不需要具备解除权,属于全新的合同,适用于协议解除类型。在单方面进行解除的过程中,只需要解除权人愿意接受这种程序,法律上也是允许的。

由于采取的是合同的方式来进行协议解除的程序,所以要使合同解除得到有效的成立,也需要要约与承诺的存在。这里所说的要约,是解除合同的要约,就是为了消灭既存合同。承诺也是为了解除合同的承诺,使完全同意上述要约的意思表示。

在采取协议解除的程序过程中,在合同解除过程中使需要得到相关部门的同意,有关部门批准的日期为合同的解除日期。当此项合同在解除的过程中不需要得到相关部门的批准,只要双方当事人协商过程就可以将合同解除,或者使由双方当事人商定解除生效的日期。

2. 行使解除权的程序

只要当事人享有解除权时,就可以行使权利将合同解除。解除权是合同中的一方当事人将单方面地合同解除。合同在解除的过程中具有一定的形成权,具有法律效力。解除权不需要当事人同意,只要一方同意,即可解除合同。

法律规定或者经过当事人约定解除权行使期限的,期限届满不再行使解除权的,该权利就消灭;无期限的,经对方催告后在合理期限内不行使的,该权利消灭(《合同法》第95条)。

在解除权行使的过程中以通知的形式告知给对方,可以发生合同解除的效力。如果在解除的过程中,任意一方有异议,可以请求人民法院或者总裁机构来确认。无论是法律或行政机构在解除合同的过程中应当办理批准、登记等手续,依照该规定(《合同法》第96条)。

其中,具有四个疑问:第一,哪些人能够请求人民法院或者仲裁机构来确认合同解除的效力;第二,当对方提出异议后,是否有时间上的限制;第三,在请求人民法院或仲裁机构确认合同解除的效力,是否在时间上有限制;第四,在没有请求人民法院或者仲裁机构解除合同时,合同是否因为行使解除权而被解除。

从《合同法》第 96 条的文句的表达看,"对方"应当指对合同解除持有不同意见者。但若如此理解,在对合同解除持有不同意见者是违约方时,他未必愿意请求人民法院或者仲裁机构确认解除合同的效力,很可能故意沉默,迟滞合同解除效力的发生,甚至使合同不被解除。

为防止这种不合理的局面出现,莫不如从整个规范观察而得出结论。从《合同法》第 96 条第 1 款的规定看,并无禁止解除权人请求人民法院或者仲裁机构确认解除合同的效力之意,只要把"对方有异议的"一句前的句号换成分号或者逗号,就完全可以得出如下结论:在违约方对解除合同有异议的情况下,解除权人可以请求人民法院或者仲裁机构确认解除合同的效力。

同时,在行使解除权过程中,一旦对方当事人不同意解除合同,届时使用解除权向国家机关进行请求,如果没有违反形成权制度,就可以行使解除权有利于合同纷争的解决,应该支持。

如果双方当事人中的一方对合同具有异议,当提出解除合同时,应当要有期限,期限不宜过长。这也是法律中所必需的,依照《合同法解释(二)》第 24 条规定,当事人对《合同法》第 96 条规定的合同解除虽有异议,人民法院不接受在约定期限届满后提出的异议;同时法院还不予接受当事人没有约定期限,并在解除通知到达之日起 3 个月所提出的合同解除条件。

当合同在解除的过程中,人民法院或者仲裁机构并没有给予解除权人解除合同的效力,是否发生合同解除的效力?如果具备了合同的解除权,并具有行使的条件,则在解除合同的过程中,当事人不会因对方当事人的异议而受到影响。这样,就可以防止违约方故意提出异议来阻碍合同的如约解除。在进行举证责任的配置上,应当交由解除权人进行举证,其享受解除权并符合解除权行使的条件。

(二)合同变更与解除的法律后果

1.合同变更的法律后果

合同在变更的过程中,具有一定的法律效力,当权利义务还有效力时,已经履行的债务不会因为合同的变更失去法律依据。合同的变更是不会影响当事人要求赔偿损失的权利。

2.合同解除的法律后果

当合同解除后,所产生的法律后果是根据合同解除后是否具有溯及力之间的差异。合同解除过程中具有的溯及力,就是在解除合同关系到溯及力的消灭,使合同在成立初期就没有成立。合同在解除过程中没有溯及力,就是单纯地将合同关系来消灭,合同在解除前仍具有法律效力,合同解除有无溯及力应视具体情况而定。

《合同法》第97条规定,"合同解除后,尚未履行的,终止履行;已经履行的,根据履行情况和合同性质,当事人可以要求恢复原状、采取其他补救措施"。据此,合同解除效力溯及于合同成立之时,但合同已部分履行的,除当事人另有约定外,解除效力不溯及已履行部分。

合同解除不影响合同中结算和清理条款的效力,不影响当事人请求损害赔偿的权利(《合同法》第98条、第97条)。

本章小结

本章主要从四个方面进行合同法的研究,首先是合同的订立,其次是合同所具有的效力,再次是合同的履行与保全,最后是合同的变更与解除。订立合同从合同的订立程序出发,进而论述合同的内容与解释。合同发挥的效力指的是合同在成立后以及生效时具备的条件,以及合同被确认无效或被撤销后所产生的后果。合同在履行和保全的过程中要遵守相应的原则,才能有效地行使权利。合同在变更和解除的过程中,是需要具备一定的条件,只有具备相应的条件,才能实行变更和解除。同时在变更和解除合同后,会产生相应的法律后果。对此,在合同的订立、行使、履行、变更和解除的过程中都要遵守相应的规则程序,才不会违反法律原则。

第七章 继承权研究

继承权是指继承人按照相关法律规定获得相应遗产的权利。继承权是一项基本的民法权利，保护继承人的合法权益不受到侵犯。在研究现代民法时应该对继承权进行单独研究。

第一节 继承权的概念和特点

一、继承权的概念

继承权是指公民依法享有继承被继承人所遗留合法财产的权利。按照各国的法律规定，对于继承权性质的解释也有所不同，包括物权说、债权说和独立民事权利说。[①] 我国法学者对这个问题的观点为，继承权既包括继承开始前继承人所具有的继承遗产的权利能力，也包括在继承法律关系中实际享有的继承财产的权利。并且前者是后者的前提条件，也就是指在继承人还没有丧失其继承权，被继承人先于继承人去世的，继承人才有权继承相应的遗产。而在这两种情形下，对继承权的本质会有不同的解释说明。

后者是已经实际享有的权利，而前者推定继承人的继承权存在一定不确定性，但是相较于其他民事权利，由于继承人和被继

---

① 张平华,刘耀东.继承法原理[M].北京:中国法制出版社,2009,第25页.

承人之间存在一定特定的关系,如亲属关系,这就导致继承人对被继承人死后遗留的财产具有了一定的期待性,因此很多学者提出推定继承人的继承权为期待权的观点,也就是指在继承还未正式开始前,继承权是一种期待权。但也有一部分学者持反对意见,认为继承未开始前的继承权并不属于期待权,因为这时继承人仅存在继承遗产的可能,这并不是一种实质权利,出现一定特殊情况会导致继承人失去继承权,如继承人先于被继承人死亡等,也就是说这种权利在此时具有显著的不确定性。此外,继承权不具有独立权能,也就是说继承权不能转让、赠与,并不具有经济价值,因此,我们认为继承权并不是一种期待权。因此尚未开始继承的继承权只是对未来继承财产的一种期待或一种可能,而非一项实质的如期待权那样的权能。

继承人的继承权本质在理论界也存在一定争议,而针对这一问题主要有两种观点,即身份权说和财产权说。身份权说是指成为继承人是以一定特定身份为前提条件的,因此继承权属于身份权。但是通常认为继承权的权利内容更多的是表明了继承权的财产性特点,而身份权更多的是表明人格性特点,因此认同这一观点的学者相对较少。财产权说还可以进一步细分为物权说、债权说和特殊财产权说。继承权是一种以特定亲属关系为前提而存在的财产权,它与强调物的属性的物权之间存在一定差别,与具有相对权属性的债权之间也存在差别,因此较少部分的学者支持物权说和债权说,特殊财产权说是继承权理论界的通说。从《民法通则》中就可以看出这一点,因为通常都会将继承权与物权、债权和知识产权等并列为一种独立的财产权。

二、继承权的特征

(一)身份性和财产性

一般情况下,继承权是发生在婚姻关系和血缘关系而产生的由法律拟制的有一定身份的亲属之间。继承权的权利内容是被继承人死亡时转移被继承人的财产所有权,继承人行使权利接受被继承人的财产,从而按照法律规定完成财产的变更移转。由此可以看出,继承权同时具备身份性和财产性的特点,是一种特殊的财产权。

(二)排他性

继承权是一种遗产取得权,其权利主体一般情况下为被限定的主体,也就是指与被继承人之间存在特定亲属关系的人。但是继承权的义务主体具有不特定性,任何人、组织和国家都不可以干涉、妨害继承人行使自身的法定继承权,也就是说,任何自然人、组织和国家都负有不得侵害继承人继承权的义务。

(三)主体为自然人

因为继承权同时具有身份性和财产性,决定其主体不仅是自然人,还应该是与被继承人之间存在一定特定亲属关系的自然人。虽然通过一定途径,法人、社会组织和国家也可以称为遗产的受遗赠人,但并不能成为遗产的法定继承人或遗嘱继承人。

三、继承法的基本原则

继承法的基本原则是指贯彻整个继承法体系,对继承全体活动进行指导的法律准则。具体来说,我国继承法的基本原则包括以下几项。

(一)保护公民私有财产继承权的原则

《宪法》第13条第2款规定:"国家依照法律规定保护公民的私有财产的继承权。"

《继承法》第1条规定:"根据《中华人民共和国宪法》规定,为保护公民的私有财产的继承权,制定本法。"

从《宪法》和《继承法》的规定可以看出,我国《继承法》的首要基本原则就是切实保护公民的私有财产继承权。这个原则主要包括以下三层含义。

第一,公民的合法私有财产受到法律保护,被继承人死亡时遗留的全部合法个人财产,在存在法定继承人的情况下,不会收归国家或集体所有。

第二,公民的继承权按照相关法律规定受到保护,只有在发生法律规定的事由时继承权才会丧失,否则在继承人没有表示放弃继承权的情况下都视为接受被继承人的遗产继承。并且继承人有无民事行为能力都具有法定继承权,甚至被继承人死亡时,其特定继承人中已经受孕的胎儿也会受到一定的法律保护。

第三,当公民继承权受到非法侵害时,在法定期间继承人有权向司法机关提出申请,请求法律保护。

(二)男女平等原则

《继承法》第 9 条规定:"继承权男女平等。"

《妇女权益保障法》第 34 条规定:"妇女享有的与男子平等的继承权受法律保护。"

从法律规定中可以看出,男女平等原则也是《继承法》的一个基本原则。该原则主要包括以下几层含义。

1.继承人的继承权不因性别产生差异

按照我国《继承法》的规定,不仅对法定继承人的范围做出了明确规定,并且在性别上也有明确表述,这是因为受到历史封建传统习俗的不良影响,在我国一些地区仍然存在出嫁的女儿没有继承权的习俗,通过规定保证相应法定继承人的合法继承权。对于丧偶的儿媳或女婿,当他们对公婆、岳父母承担了主要赡养义务的,也合法享有平等的法定继承权。此外,继承法还明确规定任何人都不可以干涉、妨害离异或丧偶的妇女继承财产后再嫁。

2. 继承人的继承顺序不因性别产生差异

按照我国《继承法》的规定,继承顺序根据亲属关系的远近确定,并且每一个顺位上的所有继承人享有平等的继承顺序和继承份额。例如,儿子和女儿处于同一继承顺位,可以平等地继承父母的遗产,被继承人的兄弟姐妹作为第二顺位继承人平等地继承相应的遗产。

3. 适用代位继承、转继承等特殊继承时不因性别产生差异

只要被代位继承人先于被继承人死亡,代位继承人是被代位继承人的直系卑亲属,那么不论代位继承人的性别如何都可以平等地代位继承遗产。对于转继承来说也是如此。

4. 遗嘱处分遗产时不因性别产生差异

不论被继承人的性别如何,都可以通过立遗嘱的方式处分自己的财产;不论性别如何都可以作为遗嘱继承人继承财产。财产遗赠或签订遗赠扶养协议同样适用男女平等原则。

5. 继承权的取得、处分不因性别产生差异

不论男女都有权取得并处分自己的继承权,这具体体现在继承人对继承权的取得、行使、放弃和丧失方面。

6. 照顾老人、儿童、病残者时不因性别产生差异

在对被继承人的遗产进行合法分配时,对于缺乏劳动能力又没有生活来源的继承人,应该为其保留必要的遗产份额,不论男女都享有这一待遇。

(三)权利义务相一致原则

权利义务相一致原则是我国法律的一项基本原则,在继承法中也是如此。虽然继承权是以特定的亲属身份关系为前提而确

立的,但权利义务一致原则也在继承法中体现。

1. 在继承范围确定上的体现

第一,虽然法定继承人的范围是以一定亲属身份关系为前提条件而确立的,但是这些继承人均是《婚姻家庭法》明确规定相互负有扶养义务的人,并且《婚姻家庭法》规定的扶养义务顺序即法定继承人的继承顺位。例如,夫妻、父母、子女在《婚姻家庭法》中为第一顺序扶养义务人,因此在继承法中为第一顺位继承人;祖父母、外祖父母和兄弟姐妹在《婚姻家庭法》中是第二顺序扶养义务人,因此在继承法中为第二顺位继承人。第二,在继承法中,继父母子女、养父母子女等人也是法定继承人,这主要是因为继承人与被继承人之间存在一定扶养关系,从而在二者之间产生了相应的权利义务,继而确定了他们的法定继承权。第三,我国《继承法》中明确规定,"丧偶儿媳对公婆、丧偶女婿对岳父母尽了主要赡养义务的,可作为第一顺序继承人",这就很好地体现了继承法的权利义务相一致原则。

2. 在继承份额确定上的体现

对于同一顺位继承人来说,他们具有相同的权利义务,因此他们所继承的遗产份额通常也是相同的。但是在现实中,继承人在履行同样的扶养义务时会存在一定差异,为了体现法律公平,我国《继承法》特别规定,对于尽了主要扶养义务的继承人,可以分配到更多的遗产;对于有扶养能力和扶养条件却不尽扶养义务的继承人,可以少分或不分其遗产。此外,在法定继承人以外的人如果对被继承人生前扶养较多,也可以按照相关规定适当分配获得一部分遗产。

3. 在继承权剥夺与丧失上的体现

继承权的获得是以扶养的权利义务为前提的,继承权的剥夺也是以此为前提的。我国《继承法》第 7 条明确规定,故意杀害、虐待、遗弃被继承人的,丧失继承权。也就是指,继承人如果不履行其扶养义务,则可能被剥夺相应的法定继承权。

4. 在遗产分配上的体现

在分配被继承人的遗产时,如果被继承人有尚未履行的债务,则应该在继承人继承的遗产范围内清偿债务,在承担这一责任后,继承人才可以继承遗产。

5. 在遗赠扶养协议上的体现

虽然遗赠扶养协议与继承法律关系之间存在一定差异,但它是《继承法》的重要组成部分,且建立在契约基础上,是以权利义务相对等为原则而建立起来的一套法律制度。

(四)养老育幼、保护弱小的原则

《婚姻家庭法》的一项基本原则是切实保护妇女、老人、儿童的合法权益,该原则体现了对婚姻家庭中弱势群体提供的特殊保护。我国《继承法》中同样需要对弱势群体的合法权益提供特殊保护,以此更好地实现《继承法》的法律公平。

1. 预留份规定上的体现

我国《继承法》第 28 条明确规定,在进行遗产分割时,应该预先保留胎儿的应继承份额,这明确体现了对弱势继承主体——胎儿的特别保护。如果胎儿出生时为死体,则可以按照法定继承对遗产的保留份额进行相应处理,否则其继承份额受法律保护。

2. 特留份规定上的体现

我国《继承法》第 19 条明确规定,被继承人在处分自己的财产时,应该特别为缺乏劳动能力且没有生活来源的继承人保留必要份额的遗产。在这里,缺乏劳动能力且没有生活来源的继承人主要是指老人、儿童和病残者,在所有继承人中,他们处于弱势方,因此需要为这些继承人特别保留必要份额的遗产,以此为他们今后的生活提供基本保障。

3. 遗产分配上的体现

我国《继承法》第 13 条和第 14 条明确规定,在对被继承人遗产进行分配时,应该优先照顾有特殊生活困难的缺乏劳动能力的人;按原则来说,与被继承人有特定亲属关系的继承人以外的人并不享有继承权,但对于依靠被继承人扶养的缺乏劳动能力且没有生活来源的人,按照法律规定可以获得一定遗产,以此保证其基本生活,这充分体现了《继承法》养老育幼、保护弱小的原则和精神。

第二节 法定继承

一、法定继承的概念和特征

(一)法定继承的概念

法定继承是一种遗产继承方式,是指继承人的范围、继承顺序、继承份额以及遗产分配的原则等,都由法律直接规定的继承。这种继承方式与被继承人按照自身意志进行遗产处分的方式不同,是在被继承人没有设立遗嘱,或者设立遗嘱部分或全部无效的情况下,推定被继承人将自身的遗产分配给其近亲属的继承的方式,法定继承是法律推定的继承。

法定继承可以在一定程度上限制遗嘱继承,同时也可以做出一定补充。遗嘱继承是在法定继承范围内根据被继承人意志决定的继承,因此从某些方面来说,法定继承可以限制被继承人滥用意志自由订立遗嘱,这样可以为法律保护的利益和秩序提供有力保障,因此说法定继承可以限制遗嘱继承。法定继承适用的效力低于遗嘱继承适用的效力,只有在被继承人没有订立遗嘱或者设立遗嘱部分或全部无效的情况下,才可以适用,因此说法定继承是遗嘱继承的补充。需要注意的是,如果遗嘱没有对遗产进行处分,或者遗嘱无效部分涉及遗产处分,那么不论是什么原因遗产分配都要适用法定继承,这也体现了法定继承对遗嘱继承的补充性。

(二)法定继承的特征

1.以一定的人身关系为基础

法定继承的前提是继承人与被继承人之间存在一定人身关系,如婚姻、血缘和扶养关系,按照这种关系明确继承人的范围、继承顺位和继承份额。法定继承并不是完全基于被继承人意志,而是由法律推定的,因此在推定法定继承人时,应该充分考虑本国的历史文化传统、风俗习惯等,在现代国家通常会推定与被继承人之间存在一定特殊身份关系的近亲属作为法定继承人继承遗产。

2.具有强行性

因为法定继承并不是完全体现被继承人的自身意愿,而是由法律规定的,所以具有一定强行性。按照法定继承规定,在被继承人死亡后,按照法律确定继承人的范围、顺序、分配原则和分配份额等,这些都不会由被继承人的自身意志而决定或改变,也就是说被继承人必须遵从法律的规定。

3.具有限制性

按照法律规定,法定继承人需要按照一定顺序继承被继承人的遗产,这种继承具有一定的限定性。法定继承与遗嘱继承不同,继承人并不是按照被继承人的自身意愿继承遗产的,而是严格遵守法律规定的继承顺序继承,也就是必须按照法定顺位继承遗产。

(三)法定继承的适用范围

按照我国《继承法》的规定,法定继承主要适用于两种情形:一是被继承人生前既没有立遗赠扶养协议,也没有立遗嘱的,此时适用法定继承;二是被继承人生前虽立有遗嘱,但仍应按法定继承。在后面折中情形下,虽然被继承人有意志表示,但是被继承人的意志表示存在瑕疵,或者遗嘱继承人并不具有继承资格。这具体表现在以下几方面:第一,遗嘱继承人放弃继承或受遗赠人放弃受遗赠的。如果出现这种情形,被放弃的遗产按照法定继承进行处理,如有其他遗嘱继承人或受遗赠人且没有放弃自身继承权的,则继续按遗嘱中的规定处理相应遗产。第二,遗嘱继承人丧失继承权的。这里所说的丧失继承权并不包括被宽恕了的相对丧失继承权人。《关于贯彻执行〈中华人民共和国继承法〉若干问题的意见》第13条明确规定,继承人虐待被继承人情节严重的,或者遗弃被继承人的,如以后有明确的悔改表现,并且被虐待人、被遗弃人在其生前明确表示宽恕的,可判断不失去原有继承权。第三,遗嘱继承人、受遗赠人先于遗嘱人死亡的。第四,遗嘱无效或者部分无效的,无效部分如果涉及遗产则适用法定继承。第五,遗嘱只处分了部分遗产,未处分部分遗产适用法定继承。

二、代位继承与转继承

(一)代位继承的概念

代位继承是指享有法定继承权的继承人,由于特定原因不再具有继承权,由其晚辈直系血亲代位获得其原有继承权,取得应得部分遗产的制度。失去继承权的原因包括先于被继承人死亡、主动放弃继承权、被动丧失继承权等。

早在罗马法时期就可以看到代位继承制度的影子,在《法学阶梯》中就有相关表述:

"如果有一子或一女和其他一子所出之孙子女,他们同时一起继承遗产,其在亲等上较近的不排除较远的,因为看来使孙子女继承他们父亲的地位是公正的。根据同样理由,儿子所出之孙子或孙女以及孙子所出之曾孙子女也可同时一起继承遗产。由于孙子女和曾孙子女都各取代他们父亲的地位继承,所以看来遗产不应按人而应按系分割,使儿子取得遗产半数,另一儿子的卑亲属无论是两人或两人以上,取得另一半。因此如果身后仅遗两个儿子所出的孙子女,其中一个儿子有一两个孙子女,另一个儿子有三四个孙子女,那么遗产的一半属于一个儿子所出的一两个孙子女,另一半属于另一个儿子所出的三四个孙子女。"

现代不同国家和地区对于代位继承人做出了不同的法律规定。一些国家和地区规定只有继承人的直系血亲卑亲属可以成为代位继承人,如我国大陆和台湾地区,越南、蒙古等都是这样规定的;一些国家和地区规定继承人的直系血亲卑亲属,以及兄弟姐妹及其直系血亲卑亲属、父母、祖父母外祖父母甚至曾祖父母及其直系血亲卑亲属都可以成为代位继承人继承遗产。《法国民法典》中明确规定,除了继承人的直系卑亲属外,被继承人的兄弟姐妹的子女及直系卑血亲,遗产归属于该兄弟姐妹所遗下的亲等相同或不同的直系卑血亲的情形,均可以代位继承。

各国各地区不仅对代位继承人的范围有不同规定,对代位继承的原因也有不同的规定。有一些国家和地区规定代位继承权只有在被代位继承人死亡时才生效;一些国家和地区规定除被代位继承人死亡外,被代位继承人主动放弃或因一些原有丧失继承权的,可以由其直系卑血亲行使代位继承权获得其应继遗产。我国台湾《民法典》中明确规定,第一顺位继承人在继承遗产前死亡或丧失继承权的,其直系血亲卑亲属具有代位继承权,可以继承其应继部分遗产。德国《民法典》也明确规定,代位继承的原因包括以死亡、拒绝继承、丧失继承权或依照要约抛弃继承等。

第七章 继承权研究

我国《继承法》第 11 条明确规定,代位继承仅指在法定继承人先于被继承人死亡时,由其晚辈直系血亲代替其继承相应遗产的一种法定继承方式。也就是说,只有被代位继承人的子女可以成为代位继承人继承遗产,而且只有在被代位继承人继承遗产前死亡的才可以成为代位继承原因。在代位继承关系中,先于被继承人死亡的子女称为被代位继承人,代替死亡的法定继承人继承遗产的继承人的完备直系血亲为代位继承人。

(二)转继承的概念

转继承是指继承人在继承开始后、遗产分割前死亡,其应继承的遗产份额转由其合法继承人继承的制度。

我国《继承法》中没有明确关于转继承的相关规定,但是《关于贯彻执行〈中华人民共和国继承法〉若干问题的意见》第 52 条规定:在继承开始后,继承人并未明确表示放弃继承权,且于遗产正式分割前死亡的,其合法继承人继承相应遗产。实际上这是一种继承权的合法转移。

需要注意的是,只有继承人在特定时间死亡,即继承开始后、遗产分割前死亡,才可以实现继承的转移,这并不是继承人放弃或丧失继承权的情形,也就是说,在转继承中,被转继承人并没有放弃或丧失继承权。发生转继承后,所有没有丧失继承权或放弃继承权的被转继承人的合法继承人都可转继承其应得的遗产。

法定继承和遗嘱继承都可以发生转继承。如果被转继承人在死亡前订立了合法有效的遗嘱,则遗嘱继承人作为转继承人继承遗产;如果被转继承人没有订立遗嘱或遗嘱无效的,那么其法定继承人为转继承人,按照法律规定获得相应遗产份额。

(三)代位继承与转继承的区别

转继承和代位继承的相似点在于都适用于法定继承,且都存在继承人已死亡的事实,且继承人都没有放弃或丧失其继承权。但二者之间也存在明显区别。

1. 性质的区别

转继承又叫二次继承、再继承或连续继承,是转继承人对被转继承人应取得的遗产份额的再次继承,也就是说,转继承人并没有获得继承人的原有遗产继承权,只获得了分割遗产的权利;代位继承则是继承人直系血亲通过代替继承人的形式直接参与遗产的继承,也就是说代位继承人获得了被代位继承人的继承权,按照直接继承的形式获得遗产份额。

2. 法律关系主体的区别

转继承法律关系中,被转继承人为被继承人的所有享有继承权的法定继承人或遗嘱继承人,转继承人也为被转继承人的所有享有继承权的法定继承人或遗嘱继承人;而代位继承法律关系中,被代位继承人仅限于被继承人的子女,代位继承人则仅限于被代位继承人的晚辈直系血亲,继承人的范围非常有限。

3. 法律关系客体的区别

在转继承法律关系中,普遍认为转继承人继承从被转继承人那里获得为遗产的所有权,并不是直接获得继承权,也就是说,转继承人获得相应的遗产实际上是合法继受被转继承人死亡时遗留的个人财产。因此,如果被转继承人存在婚姻关系,并且其在生前并没有与配偶特别约定的,被转继承人应继承的遗产份额属于夫妻共同财产,在这种情形下,转继承人仅可继承被转继承人的遗产份额的1/2,也就是被转继承人的个人合法财产。可以看出,转继承的客体是被转继承人就其应继份应分得的遗产,并不是被转继承人从被继承人那里继承的全部财产。在代位继承法律关系中,代位继承人获得的为被代位继承人的遗产继承权,也就是说,代位继承权继承的是被代位继承人的应继份,因此所有没有丧失继承权的代位继承人都可以共同继承其应继份,并不需要对被代位继承人获得的遗产进行分割后再获得其个人应继部分财产。

4.发生事实原因的区别

转继承是在继承人后于被继承人死亡这一事实发生的;而代位继承在我国则是基于被继承人的子女先于被继承人死亡的事实发生的。从发生时间来看,继承人先于被继承人死亡的,适用代位继承;继承人在被继承人死亡后、遗产分割前死亡的,适用转继承。

5.适用范围的区别

法定继承中既可以适用转继承,也可以适用代位继承;遗嘱继承只可以适用转继承。被转继承人在被继承人死亡后、遗产分割前死亡,意味着被转继承人已经获得了实际的继承权,只是还没有进行遗产分割,被转继承人可以按照自身的意志处分这部分遗产,也可以适用法定继承处分这部分遗产,因此,转继承同时适用于法定继承和遗嘱继承。但是代位继承不可能在遗嘱继承中发生,因为被代位继承人的死亡时间早于被继承人,也就是说,在被继承人死亡、继承开始时,被代位继承人并不再具有继承能力,而其遗嘱在这种情况下属于无效遗嘱,因此,代位继承仅适用于法定继承。

三、法定继承中的遗产分配

(一)应继份

应继份,是指应该继承的遗产份额,也就是说在共同继承中,各共同继承人继承被继承人遗产时所应取得的比例。应继份可以分为两种,即法定应继份和指定应继份,因为遗嘱指定是合法前提下的被继承人意志体现,因此为了体现对被继承人意志的尊重,指定应继份优先于法定应继份。根据不同国家和地区的实际情况,关于法定应继份的具体法律规定之间存在很多差别,不同国家对配偶和血亲继承遗产的比例有不同的规定。

(二)我国法定继承的遗产分配

1. 分配原则

(1)同一顺序继承人的应继份一般应均等分配

第一,同一顺位的法定继承人拥有同等的继承权,不因继承人的年龄、性别等有所区别。特别规定出嫁的女儿和改嫁的寡妇等,与其他位于同一顺位的法定继承人拥有相同的遗产继承权。第二,一般情况下,对于同一顺序的法定继承人的继承遗产份额分配,按照人数进行平均分配。

(2)特殊情况下可以不均等分配

第一,在分配遗产时,可以对生活有特殊困难且缺乏劳动能力的继承人予以一定特殊关照。需要注意的是,继承人必须是生活方面存在特殊困难,且缺乏劳动能力。在进行遗产分割时,根据继承人的实际情况进行判断。

第二,在分配遗产时,可以对对被继承人尽了主要扶养义务或者与被继承人共同生活的继承人予以一定特殊关照。按照我国司法实践的实际情况,主要扶养义务通常是指为被继承人提供了主要经济来源,或在劳务等方面给予了被继承人主要扶助。一般情况下,对于与被继承人共同生活的继承人会相应地多分配一部分遗产,这主要是因为长期与被继承人共同生活会对其提供更多的精神抚慰,与被继承人之间的感情更为深厚,并且也相应付出了更多的扶养义务。需要注意的是,这项原则并不与前面提到的原则相冲突。

第三,在分配遗产时,对于有扶养能力和有扶养条件却没有尽扶养义务的继承人,应该少分或者不分。一般指既有扶养义务,又有扶养能力和扶养条件的继承人,同时被继承人又需要扶养,而继承人却不履行扶养义务,此时分配遗产时应少分或不分。可以看出,适用该原则需要满足三个条件:一是继承人需要承担扶养义务,且具有扶养能力和扶养条件;二是被继承人在客观上需要扶养;三是继承人在这种情况下没有履行其扶养义务。一般情况下,如果继承人有扶养能力和扶养条件,并且明确表示愿意承担自己的扶养义务,但被继承人有收入来源和劳动能力明确表示不需要继承人扶养的,遗产分配不会受到影响。

第四,经过继承人协商表示同意的,可以不进行遗产的均等分配。在继承人自由意志的基础上,继承人之间可以通过协商的方式自愿分配遗产,如果继承人达成一致不均分遗产,那么应该充分尊重当事人的共同意愿,按照协商一致的结果进行遗产的分配。但需要注意的是,协议必须是在各继承人自由意志基础上确立的,如果没有得到某位继承人的同意,该继承人可以向人民法院主张该协议无效而要求重新分割遗产。

2. 分割方法

虽然是法定继承,但进行遗产分割时继承人应该在互谅互让、和睦团结的基础上,进行协商处理。例如,各继承人可以通过协商的方式明确遗产分割的时间;可以协商确定遗产分割的具体方法,如实物分割或实物作价分割;以协商确定是否接受继承或接受继承的具体份额。在各继承人协商遗产分配时,应该按照相关法律规定,用遗产清偿被继承人生前所欠债务或应缴纳的税款,同时为胎儿和其他法定继承人之外的符合继承法条件的人保留一部分遗产。需要注意的是,各继承人协商分割遗产时,必须保证是建立在每一位继承人的自由意志和只是意思上的,否则遗产分割协议将存在重大瑕疵,若有继承人对此提出异议并向人民法院提起诉讼,协议可能被判决无效,这种情况下就会重新达成协议或直接由人民法院依法进行判决。

第三节 遗嘱继承、遗赠与遗赠抚养协议

一、遗嘱继承

(一)遗嘱继承的概念和特征

遗嘱继承与法定继承是继承遗产的两种方式,遗嘱继承中的关键因素在于被继承人生前所立的合法有效的遗嘱。遗嘱是指公民生前按照一定法定方式,在法律允许的范围内对自身拥有的合法财产进行处分或对其他事务进行事先安排,并于其死后发生法律效力的法律行为。在被继承人死亡后,按照其订立的合法有效的遗嘱进行遗产分配的方式叫作遗嘱继承。在遗嘱继承的法律关系中,在生前立遗嘱的被继承人是遗嘱人,遗嘱中明确指定的遗产接受人是遗嘱继承人。遗嘱继承的法律特征主要表现在以下几个方面。

第一,遗嘱是被继承人的一种单方法律行为。遗嘱是遗嘱人自身意愿的体现,直接表示了其对个人合法财产及其他事务安排的最终愿望,遗嘱人立遗嘱并不需要获得其他人的同意,也就是说,只需要遗嘱人按照一定法定方式进行单方意思表示就可以使其发生法律效力,任何机关、组织或个人不得干涉。

第二,遗嘱是要式法律行为。虽然遗嘱的内容是被继承人自由意志的直接体现,但是必须保证遗嘱的形式符合相关法律的要求,否则遗嘱无效。我国继承法明确规定了遗嘱的五种法定形式,对每一种遗嘱形式的具体要求也做出了规定。

第三,遗嘱继承人的范围法定。遗嘱继承人和法定继承人的范围是一致的,也就是说,立遗嘱人只可以从法定继承人范围内选择遗嘱继承人。

第四,遗嘱体现立遗嘱人分配遗产的个人意志。立遗嘱人在合法前提下,按照自身的个人意志安排继承人的继承顺序、继承遗产份额等,虽然遗嘱人只可以在法定继承人范围内指定继承人,但是具体的继承顺序和继承份额等不受限制。

(二)适用遗嘱继承的情形

遗嘱继承和法定继承是两种并列存在的遗产继承方式,分别在不同的条件下适用。

《继承法》规定:"继承开始后,按照法定继承办理,有遗嘱的,按照遗嘱或者遗赠办理;有遗赠扶养协议的,按协议办理。"

第一,被继承人生前立有合法有效的遗嘱。在这种情况下,适用该遗嘱继承。但遗嘱中未涉及的遗产需要按照法定继承进行遗产分配。

第二,没有订立遗赠扶养协议。如果被继承人在生前已经与扶养人订立了合法有效的遗赠扶养协议的,那么遗赠扶养协议优先适用。在没有订立遗赠扶养协议或者遗赠扶养协议没有涉及的遗产,可以按照遗嘱继承处理。

第三,遗嘱中指定的继承人没有放弃或丧失继承权。遗嘱中指定的继承人因具备丧失继承权的法定情形而丧失继承权的,不得作为遗嘱继承人。遗嘱继承人虽未丧失继承权,但是在继承开始后遗产分割前明确表示放弃继承权的,也不适用遗嘱继承。

(三)遗嘱的内容、形式和有效条件

1.遗嘱的内容

遗嘱的内容为遗嘱人对自身合法财产的具体处分以及其他事务的具体安排。为了遗嘱更好地执行,必须保证其内容的明确、具体、合法。按照我国法律规定,遗嘱主要包含以下几项内容。

(1)指定遗嘱继承人或受遗赠人。需要注意的是,指定的遗

嘱继承人必须在法定继承人范围内,受遗赠人则不需要在此范围内指定。

(2)明确遗产的分配方式以及各继承人的具体继承份额。

(3)对某项遗产可以限定特定的用途或使用目的,可以对继承人或受遗赠人提出合法要求等。

(4)可以按自身意愿指定遗嘱执行人。

(5)遗嘱人认为有必要在遗嘱中明确指出的其他事项。

2.遗嘱的形式

我国《继承法》第17条明确规定了5种法定遗嘱形式(如表7-1所示),具体包括公证遗嘱、自书遗嘱、代书遗嘱、录音遗嘱和口头遗嘱。并且针对不同形式的遗嘱明确了具体要求,通过对遗嘱有效形式的限定,防止伪造或篡改遗嘱情形的发生,以此为被继承人和继承人的合法权益提供有效保障。

表7-1　遗嘱的形式及效力

	见证人要求	效力	适用范围
公证遗嘱	无	几份内容矛盾的遗嘱,以最后所立的遗嘱为效力最高;如果其中有公证遗嘱,则以最后所立的公证遗嘱为效力最高	除情况危急外,遗嘱人可选择任何一种方式立遗嘱
自书遗嘱	无		
代书遗嘱	两个无利害关系人		
录音遗嘱	两个无利害关系人		
口头遗嘱	两个无利害关系人		情况危急

(1)公证遗嘱

我国《继承法》明确规定,"公证遗嘱由遗嘱人经公证机关办理"。也就是说,公证遗嘱只有在遗嘱人订立遗嘱后,且由公证机关对遗嘱的真实性进行审查并确认无误表示认可后才能合法成立的。公证遗嘱是证明力最强的遗嘱形式。因为订立遗嘱的法律行为属于私法行为,对遗嘱的真实性进行公证具有公法性质,也就是说,公证遗嘱是具有公法性质的私法行为。我国对遗嘱形式的相关司法解释中明确规定,当遗嘱人同时订立了内容相抵触的不同形式的遗嘱时,如果其中有公证遗嘱的,则按照最后所立公证遗嘱为准执行;没有公证遗嘱的,按照最后所立的遗嘱内容执行。遗嘱人办理公证遗嘱,必须亲自到有管辖权的公证机关或者请公证人员到场进行遗嘱公证;立遗嘱人必须在所立遗嘱上签名,并注明具体时间。在公证机关对遗嘱的真实性进行公证后,为立遗嘱人出具遗嘱公证书。

(2)自书遗嘱

自书遗嘱是指立遗嘱人亲笔书写并亲笔签名的遗嘱。订立这种形式的遗嘱不需要见证人,比较简洁方便。我国《继承法》明确规定,这种形式的遗嘱必须由遗嘱人亲笔书写并签名,还需要在遗嘱上明确注明年月日。也就是说,自书遗嘱应当满足以下两项基本要求:第一,由遗嘱人亲笔书写遗嘱全文;第二,由遗嘱人亲笔签名并注明具体时间。

此外,如果立遗嘱人在其遗书中在自身真实意愿基础上表示了个人合法财产的处分,并且亲自签名并注明了年月日的,如果在遗产处分上出现相反证据的,可按自书遗嘱对待。

(3)代书遗嘱

代书遗嘱是指遗嘱人委托他人代为书写,并由遗嘱人亲自签名的遗嘱。代书遗嘱的正文由他人代笔所写,所以比较容易出现遗嘱伪造或者篡改的情形,为了避免这种情形的发生,法律对这种形式的遗嘱要求较为严格。

《继承法》规定,代书遗嘱需要满足下列条件:

①遗嘱人没有书写能力或因为其他原因不能亲自书写遗嘱的,可请他人代为书写;

②代书遗嘱应当有两个以上无利害关系的见证人在场见证;

③见证人中的一人代书,注明年月日,由代书人向遗嘱人宣读,经遗嘱人认定无误后,由代书人、其他见证人和遗嘱人签名。

(4)录音遗嘱

录音遗嘱是指立遗嘱人将遗嘱内容通过录音磁带录制形成的遗嘱。按照我国《继承法》规定,录音遗嘱需要两个以上见证人在场见证遗嘱的真实性。在录音遗嘱制作完毕后,需要进行封存处理,遗嘱人和见证人需要在封条上亲笔签名。

(5)口头遗嘱

口头遗嘱是遗嘱人在危急情况下采用的一种简便的设立遗嘱方式。这里所说的危急情况,是指遗嘱人的生命随时受到威胁的情况。相对其他形式的遗嘱,口头遗嘱的可靠程度较低,因此我国《继承法》对口头遗嘱的限定比较严格。遗嘱人处于危急情况下,可以立口头遗嘱;订立口头遗嘱时需要两名以上见证人在场见证遗嘱的真实性;在危急情况解除后,遗嘱人有能力订立书面或录音遗嘱的,之前所订立的口头遗嘱随即无效。

可以看出,对于代书遗嘱、录音遗嘱和口头遗嘱这三种遗嘱形式,必须保证有两个以上见证人,以此保证遗嘱的真实性。我国《继承法》对遗嘱见证人也有明确规定,以下三种人不可以成为遗嘱见证人:一是无行为能力人和限制行为能力人;二是立遗嘱人的继承人和受遗赠人;三是与继承人、受遗赠人之间存在利害关系的人。

3. 遗嘱的有效条件

遗嘱的有效条件是指判断遗嘱人所立遗嘱是否具有法律效力,从而适用遗嘱继承应当满足的条件。我国《继承法》对于遗嘱的有效条件做出了以下规定。

(1)立遗嘱人必须具有遗嘱能力。也就是说,无行为能力人或限制行为能力人订立的遗嘱在法律意义上无效。

(2)遗嘱必须保证建立在遗嘱人的真实意愿基础上。遗嘱人在受胁迫、欺诈的情形下订立的遗嘱不具有法律效力。

(3)遗嘱的内容不得违反国家法律和社会公共利益。遗嘱内容违反国家法律规定和社会公共利益的,被视为无效遗嘱。遗嘱内容全部违反的,则遗嘱全部无效;遗嘱内容部分违反的,则涉及违反的部分无效。

(4)遗嘱应该为缺乏劳动能力且没有生活来源的继承人保留必要的财产份额,否则遗嘱无效。

(5)遗嘱的形式必须是法定遗嘱形式,也就是说遗嘱必须是公证遗嘱、自书遗嘱、代书遗嘱、录音遗嘱和口头遗嘱其中的一种。

二、遗赠和遗赠扶养协议

遗赠是指自然人以遗嘱的方式将其个人财产的一部分或全部赠给国家、集体或者法定继承人以外的人的一种法律行为。立遗嘱将其财产进行遗赠的人称为遗赠人,接受遗赠的人称为受遗赠人或遗赠受领人。

(一)遗赠的法律特征

(1)遗赠是单方法律行为。遗赠人采取遗赠的方式将其个人合法财产遗赠他人或相关组织时,并不需要获得受遗赠人的同意,也就是说,只要建立在遗赠人的单方自由意志上就可以达成合法遗赠。虽然受遗赠人可以凭自身意愿放弃接受遗赠,但这并不会对遗赠本身的效力产生影响,只是在受遗赠人放弃接受遗赠后,并不会实际产生遗产的受领。

(2)遗赠在遗赠人死亡后才会发生效力。在遗赠人生前遗赠不可以发生效力,遗赠受领人无权请求执行遗赠。

(3)遗赠是无偿转移财产所有权的民事法律行为。遗赠不可以采取遗嘱的方式为受遗赠人设定相应的义务,而只能为受遗赠人财产利益。

(4)在遗赠生效时,必须保证受遗赠人是实际存在的某个人或某个组织。

(5)受遗赠人必须在法定期限内决定接受或放弃遗赠,逾期视为放弃受遗赠。按照我国《继承法》的相关规定,受遗赠人应该在知晓受遗赠后的 2 个月内,明确表示接受或放弃,如果到期并未明确表示的,则直接视为放弃受遗赠。

(二)遗赠扶养协议

遗赠扶养协议是遗赠人(受扶养人)与扶养人之间签订的,关于扶养人承担遗赠人生养死葬的义务,遗赠人在死后将个人合法财产遗赠给扶养人的协议。该协议具有以下几点特征。

第一,该协议为双方法律行为,只有基于双方,即遗赠人和扶养人的共同意愿,才可以实现协议的成立。

第二,遗赠扶养协议属于双务合同。签订协议的双方均负有一定义务,并享有一定权利。对于遗赠人来说,在其生前享有受扶养、死后享有被妥善安置的权利,但同时也需要尽将个人合法财产遗赠给扶养人的义务;对于扶养人来说,享有受遗赠人遗赠的权利,同时需要尽扶养并妥善安置遗赠人的义务。扶养人是与遗赠人无法定扶养关系的自然人和组织。

第三,在遗赠扶养协议确定成立起即刻生效。

三、遗赠扶养协议与遗赠的区别

第一,遗赠属于单方法律行为,而遗赠扶养协议则需要建立在订立双方的意愿上,属于双方法律行为。

第二,遗赠采用遗嘱的形式进行遗赠人的意思表示,遗赠扶养协议则采用合同形式确定二者权利与义务关系。

第三,遗赠的受遗赠人可以是有行为能力人,也可以是无行为能力人或限制行为能力人,而遗赠扶养协议中的扶养人必须是完全行为能力人。

第四,遗赠属于无偿行为,不可以为受遗赠人设立义务,而遗赠扶养协议属于有偿行为,明确了双方的权利与义务。

第五,遗赠只有在遗赠人死亡后才会生效,而遗赠扶养协议则是死后生效行为与死前生效行为的结合。

法定继承、遗嘱继承、遗赠、遗赠扶养协议之间的区别如表 7-2 所示。

表 7-2 法定继承、遗嘱继承、遗赠、遗赠扶养协议的区别

	效力	适用范围	继承人范围	遗产范围
法定继承	被继承人死亡时继承开始;遗嘱是死后生效行为;法定继承人或遗嘱继承人在继承开始后遗产分割前可以明示放弃继承权,否则视为接受继承	未立遗嘱、遗嘱无效、遗嘱未处分的财产、遗嘱继承人放弃或丧失继承权所涉及的财产	法律直接规定	积极财产和消极财产,但继承人仅在遗产价值范围内承担消极财产
遗嘱继承		有效遗嘱涉及的财产适用遗嘱继承	由遗嘱人通过遗嘱在法定继承人范围内指定	
遗赠	遗嘱是死后生效行为;遗赠人死亡后 2 个月内受遗赠人必须明示接受,否则视为放弃受遗赠	有效遗嘱涉及财产的适用遗赠	由遗嘱人通过遗嘱在法定继承人范围外选择(可以是无行为能力人或限制行为能力人、国家、组织)	积极财产
遗赠扶养协议	遗赠扶养协议一经成立,立即生效。遗赠扶养协议的效力高于遗嘱继承和法定继承	有效遗赠扶养协议涉及的遗产	法定继承人以外的、具有一定的扶养能力的完全行为能力人	

第四节　遗产的处理

一、继承开始

(一)继承开始的时间

继承开始的时间是指继承发生法律效力的时间。按照我国《继承法》的相关规定,继承的开始时间为被继承人的死亡时间。需要注意的是,死亡时间可以分为生理死亡时间和宣告死亡时间两种,生理死亡时间是指被继承人的死亡证明上明确记载的时间;被宣告死亡时间是指在法院判决中明确表示的失踪人的死亡日期。我国对被继承人死亡时间的确定有相关规定。

《最高人民法院关于适用〈继承法〉若干问题的意见》规定:"相互有继承关系的几个人在同一事件中死亡,如不能确定死亡先后时间的,推定没有继承人的人先死亡。死亡人各自都有继承人的,如几个死亡人辈分不同,推定长辈先死亡;几个死亡人辈分相同,推定同时死亡,彼此不发生继承,由他们各自的继承人分别继承。"

明确继承开始时间具有重要的法律意义,这主要体现在以下几个方面。

1. 继承开始的时间是确定继承权诉讼时效的时间界限

我国《继承法》中明确规定,针对继承权纠纷提起诉讼的期限为 2 年,自继承人知晓或应当知晓自身继承权被侵犯之日起计算。但是,自继承开始之日起已经超过 20 年继承权纠纷,则不可以再向法院提起诉讼。因此,明确继承开始时间对于确定当事人的诉讼时效期间具有十分重要的意义。

2.继承开始的时间是开始分配遗产的时间起点

按照我国法律规定,被继承人的死亡时间即继承的开始时间。继承开始意味着继承人的继承权生效,从一种资格变为一种具有实际效力的合法权利,此时也是遗产分配的开始。

3.继承开始的时间是确定实际继承人的时间标准

只有实际存在且生存着的人才可以享有继承权。我国《继承法》对代位继承与转继承制度做出了明确规定,以此更好地保护继承人的合法权益不受侵犯。只有明确继承开始,才可以确定实际的继承人。

(二)继承开始的地点

继承开始的地点是指继承人可以在什么地方获得其应当继承的遗产。我国《继承法》中并没有明确规定继承开始的地点,按照通行法理、一般法律原则以及司法实践中的具体做法,可以按照以下几项原则明确继承开始的地点。

第一,将被继承人的住所地作为继承开始的地点,如果被继承人的经常居住地与住所地不同,则将其经常居住地确立为继承开始的地点。

第二,将被继承人主要遗产所在地作为继承开始的地点。一般情况下,被继承人的主要遗产所在地即住所地,但也会出现一些特殊情况,使主要遗产所在地与住所地分别在不同的地方,而为了继承人更便利地行使继承权,会将主要遗产所在地确定为继承开始的地点。

第三,将不动产遗产所在地作为继承开始的地点。这是一种通行做法。遗产的继承涉及财产所有权的转移,而不动产所有权转移需要进行依法登记,并且必须要在不动产所在地的机关办理相关的登记手续。因此,将不动产所在地作为继承地点成为一种通行做法。

二、遗产的保管与分割

(一)遗产的保管

继承开始后,遗产分割前,应该有人负责保管被继承人的遗产。我国《继承法》中明确规定,存有遗产的人需要妥善保管遗产,任何人不可以侵吞或者争抢遗产。人民法院在审理继承案件时,如果明确知道有继承人却无法告知的,在进行遗产分割时,必须为其保留相应的应继承遗产,并明确这部分遗产的保管人或保管单位。一般情况下,继承地点的继承人或遗嘱执行人作为保管人妥善保管遗产。如果继承地点没有继承人或遗嘱执行人,或者继承人是无民事行为能力人,或者各继承人对于遗产保管事项持不同意见无法统一的,则可以由被继承人生前所在单位或遗产所在地居民委员会、村民委员会或公证机关负责保管。保管期间发生的必要费用,应该从遗产中扣除。

(二)遗产的分割

遗产的分割是指对被继承人遗留的个人合法财产进行分割,从而使遗产的共有关系归于消灭的法律行为。在继承开始后,遗产的所有权从被继承人转移至继承人,当继承人为两个以上时,各继承人共同享有遗产的所有权,要分别实现各继承人的继承权,就必须对遗产进行合法有效的分割。进行遗产分割需要注意以下几个问题。

第一,有遗赠扶养协议的优先执行协议内容;有遗嘱继承的优于法定继承执行。遗赠扶养协议在被继承人生前已经生效,效力延续至被继承人死亡之后,如果被继承人生前已经订立遗赠扶养协议,则遗赠扶养协议优先于遗赠、遗嘱继承和法定继承。同时,遗嘱继承直接体现被继承人的真实意志,优先于法定继承执行。

第二,分割遗产时,需要为胎儿预留相应的继承份额。我国《继承法》对此也有明确规定。若胎儿出生时为死体,则预留的继承份额适用法定继承。

第三,遗产分割应当有利于生产和生活需要,不损害遗产的效用。我国《继承法》规定对此做出了明确规定。最高法院的司法解释也指出,人民法院在分割遗产中的房屋、生产资料和特定职业所需要的财产时,应充分考虑财产可以产生的实际效益以及继承人的实际需要,应该在兼顾各继承人利益的前提下处分遗产。对于不宜直接分割的遗产,可以通过折价、适当补偿或者共有等方式恰当处置。

第四,按照实际情况选择最合适的遗产分割方式。遗产分割方式包括四种,即实物分割、变价分割、补偿分割和保留共有。如果被继承人在遗嘱中已经明确指出遗产的分割方式,则按照遗嘱执行;如果并没有在遗嘱中明确指出分割方式,则由继承人通过协商决定;如果继承人无法达成一致意见的,可以通过调解或诉讼决定。

三、被继承人的债务清偿

(一)被继承人的债务范围

被继承人债务是指被继承人死亡时遗留的应由被继承人清偿的财产义务。被继承人的债务包括其个人应该承担的债务以及在共同债务中应该承担的部分债务。被继承人的债务主要包括以下内容。

(1)被继承人依照税法规定应缴纳的税款;

(2)被继承人因合同之债而发生的未履行的给付财产的债务;

(3)被继承人因不当得利而承担的返还不当得利的债务;

(4)被继承人因侵权行为而承担的损害赔偿债务;

(5)其他应由被继承人承担的债务,如合伙债务中应由被继承人承担的债务、被继承人承担的保证债务等。但被继承人以个人名义因夫妻共同生活或者家庭共同生活需要欠下的债务,应为共同债务,不能全部作为被继承人的债务。

(二)被继承人遗产债务清偿的原则

1. 概括清偿原则

概括清偿也可以称作概括继承,是指继承人同时继承被继承人的财产权利和财产义务,继承人对被继承人的债务承担无限清偿责任。

2. 限定清偿原则

限定清偿也可以称为限定继承,是指继承人对被继承人的遗产债务的清偿仅以遗产的实际价值为限,除非在继承人自身意愿基础上清偿,继承人不需要对于超过遗产实际价值的部分进行清偿。在限定清偿下,继承人对被继承人的遗产债务仅负有限的清偿责任,很好地体现了公平原则。我国《继承法》规定,对于被继承人的债务清偿采用遵循清偿原则。

《继承法》规定:"继承遗产应当清偿被继承人依法应当缴纳的税款和债务,缴纳税款和清偿债务以他的遗产实际价值为限。超过遗产实际价值部分,继承人自愿偿还的不在此限。继承人放弃继承的,对被继承人依法应当缴纳的税款和债务可以不负偿还责任。"

3. 偿还债务优先于执行遗赠和继承原则

必须在清偿被继承人债务后,才可以执行遗赠,也就是说,遗赠是在清偿被继承人债务后的剩余财产范围内进行的;若遗产不足以清偿债务,则无法执行遗赠。依最高法院的司法解释,在遗产已被分割仍未进行债务清偿时,如果同时存在法定继承、遗嘱继承和遗赠的,首先由法定继承人使用其获得的遗产清偿被继承人债务;法定继承人继承部分不足以清偿的,由遗嘱继承人和受遗赠人按比例用所得遗产清偿债务;如果只存在遗嘱继承和遗赠的,则由遗嘱继承人和受遗赠人按照一定比例用其所得遗产进行债务清还。

4. 保留特殊继承人的遗产份额原则

对被继承人的债务进行清偿时,不可以取消缺乏劳动能力又无生活来源的继承人的必要的遗产份额。即使被继承人的遗产不足以清偿债务,也应该为缺乏劳动能力且没有生活来源的继承人保留必要的遗产份额。

四、无人继承又无人受遗赠的遗产

无人继承又无人受遗赠的遗产,是指继承开始后,在法定的期限内,无人继承,也没有受遗赠人承受的遗产。如果没有继承人或者无人受遗赠,而被继承人已经死亡不可以作为遗产的主体,那么需要明确其遗产的实际归属。

(一)无人继承又无人受遗赠遗产的范围

(1)被继承人不存在法定继承人,也没有在生前订立遗嘱指定受遗赠人,也没有与他人签订并执行遗赠扶养协议。

(2)被继承人的所有法定继承人、遗嘱继承人明确表示放弃继承权,所有受遗赠人明确表示放弃受遗赠。

(3)被继承人的所有法定继承人、遗嘱继承人由于一定缘由丧失其继承权,所有受遗赠人由于一定原因丧失其受遗赠权。

(二)无人继承又无人受遗赠遗产的处分

(1)无人继承又无人受遗赠的遗产归国家所有,如果死者生前是集体所有制组织的成员,则其遗产归所在的集体所有制组织所有。

(2)无人继承或无人受遗赠的遗产归国家或集体所有时,对继承人以外的依靠被继承人扶养的缺乏劳动能力且没有生活来源的人,或者对被继承人扶养较多的人,可以获得适当的遗产。

(3)集体组织对"五保户"实行"五保"时,如果双方签订了扶养协议的,则按照协议内容处分遗产;没有签订扶养协议的,被继承人的遗嘱继承人或法定继承人要求继承被继承人遗产的,适用遗嘱继承或法定继承,但集体组织有权要求从遗产中扣除相应的"五保"费用。

本章小结

继承权是公民的一项基本权利,继承法是民法的重要组成部分。在自然人死亡后,其近亲属按照遗嘱或法律规定,可以继承被继承人的个人合法财产,为了保护继承人的这一权利,我国制定了《继承法》及其他相关法律法规。研究民法,就需要对作为其组成部分的继承法开展一定研究。本章从继承权的概念和特点、法定继承、遗嘱继承、遗赠与遗赠抚养协议和遗产的处理几个方面进行分析,从而全面系统地对继承权进行了研究。

第八章 侵权责任研究

侵权责任法在民法体系中占据重要位置,它的主要作用是对民事主体合法权益的维护、规范侵权行为应当承担的相应法律责任,这也集中体现了法治保障私权的重要价值。本章将从侵权行为与侵权责任、侵权行为的归责、侵权行为的构成要件、侵权责任方式与侵权责任的承担四方面对侵权责任展开研究。

第一节 侵权行为与侵权责任

一、侵权行为

(一)侵权行为的概念

《侵权责任法》第 6 条第 1 款规定,行为人因过错侵害他人民事权益,应当承担侵权责任。第 7 条规定,行为人损害他人民事权益,不论行为人有无过错,法律规定应当承担侵权责任的,依照其规定。

侵权行为分为一般侵权行为和特殊侵权行为、积极的侵权行为和消极的侵权行为、单独侵权行为和共同侵权行为。在一般侵权行为和特殊侵权行为中,一般侵权行为指的是一般条款规定的侵权行为,特殊侵权行为指的是相对于一般侵权责任而言,欠缺侵权责任的一般构成要件,并适用过错推定原则或无过错责任原则归责的侵权行为。二者最主要的区别在于承担侵权责任方式的不同。单独侵权行为和共同侵权行为的划分依据是侵权行为主体的数量。单独侵权行为是一个法人或者自然人所实施的侵权行为。共同侵权行为的实施主体无论是自然人还是法人必须是两人或两人以上。积极的侵权行为和消极的侵权行为的划分依据是主体的行为方式。积极的侵权行为是指以作为的方式实施的侵权行为,强调的是行为人实施违法行为的主动性。消极侵权行为是指以不作为的方式实施的侵权行为,确定消极侵权行为的前提是行为人要负有特定的作为义务,这种特定的作为义务,是法律所要求的具体义务,而不是一般的道德义务。

(二)侵权行为的特征

1. 侵权行为是侵害他人合法民事权益的行为

根据《侵权责任法》第2条第1款的规定,民事权益之外的其他权利或者利益,不属于《侵权责任法》调整的对象。侵权行为侵害的民事权益必须是合法的民事权益。根据《侵权责任法》第1条的规定,《侵权责任法》只保护民事主体的合法权益。《侵权责任法》第2条规定,侵权行为侵害的对象既包括权利也包括利益。侵权法所保护的权利,一般都指的是绝对权。

要特别指出的是,侵权法对权利和利益的保护标准是不同的。对利益的侵害,法律要求的门槛更高,需要行为人主观上具有故意且其方式有悖于善良风俗。而对权利的侵害,有故意或者过失就可以判定。这种区别的做出,目的在于权衡受害人利益的保护与他人行为的自由。一般认为,对债权的侵犯,适用对利益的保护标准。

2. 侵权行为是违反法定义务的行为

这里的法定义务,应从三个方面来看。

第一,这里的法定义务是指绝对权赋予相对人不得侵害的义

第八章 侵权责任研究

务。《民法总则》第 3 条规定,民事主体的人身权利、财产权利以及其他合法权益受法律保护,任何组织或者个人不得侵犯。对于物权、人格权等绝对权而言,任何组织和个人都负有不得侵害的一般义务。这种一般义务是侵权行为所依据的法定义务的主要来源。另外,债权也可以成为侵权行为所侵犯的对象,但在构成要件上,需要更高的门槛。

第二,这里的法定义务还包括法律赋予某些特定主体的特别义务。例如,《侵权责任法》第 37 条第 1 款规定:宾馆、商场、银行、车站、娱乐场所等公共场所的管理人或者群众性活动的组织者,未尽到安全保障义务,造成他人损害的,应当承担侵权责任。《侵权责任法》第 38 条规定,无民事行为能力人在幼儿园、学校或者其他教育机构学习、生活期间受到人身损害的,幼儿园、学校或者其他教育机构应当承担责任,但能够证明尽到教育、管理职责的,不承担责任。《侵权责任法》第 39 条规定,限制民事行为能力人在学校或者其他教育机构学习、生活期间受到人身损害,学校或者其他教育机构未尽到教育、管理职责的,应当承担责任。据此,公共场所的管理人或者群众性活动的组织者,负有安全保障义务。教育机构对在该机构中学习、生活的无民事行为能力人和限制民事行为能力人负有教育、管理义务。再例如,《劳动法》规定的有关劳动安全保护义务。如果违反这些法定义务,义务人则可能构成侵权行为。

第三,这里的法定义务也包括侵权法所设定的某些具体作为或者不作为的义务,例如《侵权责任法》第 91 条第 1 款规定,在公共场所或者道路上挖坑、修缮安装地下设施等,没有设置明显标志和采取安全措施造成他人损害的,施工人应当承担侵权责任。这种设定明显标志的义务就是一种强制性的作为义务。如果行为人没有设置明显标志就违反了作为义务,对他人因此造成的损害应当承担侵权责任。

3.侵权行为是由于过错而实施的行为以及法律明确规定不论有无过错均构成侵权行为的行为

一般认为,过错责任原则是我国侵权法的主要归责原则,因此,在过错原则下,侵权行为需要行为人存在过错。另外,无过错原则也是我国侵权法的归责原则,适用无过错责任原则时,需要法律加以明确规定。

4.侵权行为是造成他人损害的行为

损害可以分为狭义、广义和最广义三种情况来理解。一般而言,狭义的损害,仅仅指的是财产损失。广义的损害,不但包括财产损失,还包括精神损失。最广义的损害,指侵权行为给他人造成的所有不利后果,既有各种现实损害,也包括可能给受害人造成的各种危险。对于《侵权责任法》,一般使用的是最广义的损害概念。采用最广义的损害概念利于对受害人的保护,体现了《侵权责任法》预防侵权行为的立法目的。这也是《侵权责任法》与传统大陆法系侵权法将侵权责任仅限于损害赔偿的重大区别。但在一些具体的场合,《侵权责任法》也分别在狭义或者广义的意义上使用损害概念,损害概念的具体含义因语境的不同而不同。

5.侵权行为是应当承担侵权责任的不法事实行为

侵权行为作为法律事实,是一种不法事实行为。它既不同于民事法律行为,也不同于合法的事实行为。侵权行为是应当承担侵权责任的不法事实行为,所以,侵权行为也不同于违约行为和缔约过失行为。

二、侵权责任

(一)侵权责任的概念

侵权责任,是指侵权人一方对自己的加害行为或者准侵权行为造成的损害等后果依法所应当承担的各种民法责任。侵权的民事责任是与违反合同的民事责任相对应的一类民事责任。承担侵权的民事责任的主体称为"赔偿义务人",包括自己实施了加害行为的人和对他人、物件造成损害依法负有赔偿等救济义务的人。有权主张损害赔偿等请求的人,为"赔偿权利人",包括侵权行为和准侵权行为的直接受害人和法律规定享有请求权的人(如死者的近亲属)。

(二)侵权责任的基本特征

侵权责任的基本特征如下:(1)侵权责任是民事责任的一种基本形式,民事责任可分为侵权责任和违约责任两大类,分别是违反法定义务和约定义务的责任形式,义务性质的不同导致责任形式的不同,侵权责任一般是违反了某种法定义务或某种注意义务时所承担的一种民事责任。(2)侵权责任的本质体现的是一种不利的法律后果,这种不利后果既有财产方面的,也有人身方面的。(3)侵权责任的形式具有多样化。损害赔偿被认为是侵权责任的主要形式,但《侵权责任法》担负着保护人格权、身份权的重任,在许多情况下单靠损害赔偿根本不能消除损害后果,在受害人遭受精神损害的情况下更是如此。因此,这就需要结合停止侵害、恢复名誉、消除影响、赔礼道歉等侵权责任方式一起来消除损害后果。在具体的实践中,多种责任形式可单独使用,也可同时使用。(4)侵权责任的优先性,依据《侵权责任法》第4条的规定,侵权人因同一行为应当承担行政责任或者刑事责任的,不影响依法承担侵权责任。因同一行为应当承担侵权责任和行政责任、刑事责任,侵权人的财产不足以支付的,先承担侵权责任。

第二节 侵权行为的归责

侵权行为的归责有利于保护受侵害者的合法利益,当其合法权益受损时,借助一定的归责原则,可以使受侵害者得到相应的补偿。

一、侵权行为的归责概述

(一)归责的概念

归责,顾名思义,是指侵权行为所造成的损害结果的赔偿责任的归属。侵权行为实施以后,对于损害结果,总要有人来承担责任,这就是责任的归属问题。如果没有归责的过程,侵权行为所造成的后果就没有人来承担,受害人的损害就不能得到救济,侵权行为人的民事违法行为就不能得到民法的制裁。

(二)归责的原则

归责原则是确定侵权人侵权损害赔偿责任的一般准则。它是在损害事实已经发生的情况下,为确定侵权人对自己的行为以及他人的行为或管领的物件所造成的损害是否需要承担民事赔偿责任的原则。

归责原则的作用是为了确定侵权行为人应否负赔偿责任,解决的是侵权责任由谁来承担的问题,其在侵权法中居于核心地位,在实践中对损害赔偿案件的解决起着决定性的作用。

二、我国的归责原则体系构成

(一)过错责任原则

过错责任原则是以过错作为价值判断的标准,判断行为人对其造成的损害应否承担侵权责任的原则。

1.过错责任原则的适用范围

过错责任原则适用于一般侵权行为,特殊侵权行为不适用过错责任原则。

我国《侵权责任法》在关于侵权责任类型的具体规定中,也规定了部分适用过错责任原则的侵权行为类型。第 36 条规定的网络侵权责任、第 37 条规定的违反安全保障义务的侵权责任、第 54 条规定的医疗损害责任,都是适用过错责任原则的侵权行为类型。

2. 过错责任原则的内涵

过错责任原则是一种主观归责原则,它以行为人的主观心理状态作为确定和追究责任的依据,即有过错方有责任,无过错方无责任,从而使得其与加害责任以及其他客观责任区别开来。

过错责任原则表明行为人的过错为侵权责任的构成要件。构成法律上的责任,必须具备法律所规定的一切要件。如果行为人在主观上没有过错,就缺少必备的构成要件,就不能构成侵权责任。因此,行为人的过错之有无便成为确定与追究侵权责任的一个中心环节。

过错责任原则表明行为人过错的大小对责任范围具有决定性的作用。因此,证明行为人过错的轻重程度、证明行为人与第三人的共同过错或证明被侵权人的过错或被侵权人与行为人的混合过错,均对确定责任范围具有十分重要的意义。

(二)过错推定原则

过错推定原则,是指在法律有特别规定的场合,从损害事实的本身推定加害人有过错,并据此确定造成他人损害的行为人赔偿责任的归责原则。

1. 过错推定原则的适用范围

依据《侵权责任法》,过错推定原则的适用范围包括以下几方面:(1)监护人责任,这是《侵权责任法》第 32 条规定的特殊侵权责任类型。(2)暂时丧失心智损害责任,即《侵权责任法》第 33 条规定特殊侵权责任。(3)用人者责任,即用人单位责任、劳务派遣责任和个人劳务责任,以及最高人民法院《关于审理人身损害赔偿案件适用法律若干问题的解释》第10条规定的定作人指示过失责任。(4)未成年学生在教育机构受到损害的学校责任。(5)机动车与非机动车驾驶人或者行人发生交通事故的赔偿责任。(6)动物园的动物损害责任。(7)除了高空抛物以外的物件损害责任,《侵权责任法》第十一章规定的物件损害责任,除了第87条规定的高空抛物责任适用公平分担损失规则外,第85条、第86条、第88~91条规定的物件损害责任都适用过错推定原则。

2. 过错推定原则的责任倒置

推定过错原则具有一定的特殊性,主要体现在它实行举证责任倒置,一般的过错责任的举证责任在被侵权者,而过错推定原则则不同,它的举证责任在侵权者,被侵权人只要证明侵权人存在不法行为,并且这种不法行为给被侵权者造成了一定的损害,而侵权人自己又无法证明自己没有过错,就可以推定侵权者有过错,承担侵权赔偿责任。过错推定原则的采用不仅可以使被侵权者处于有利的诉讼地位,自己的合法权益得到更好的保护,还可以加重侵权者的责任,有效地制裁民事违法行为。

(三)无过错责任原则

无过错责任原则是指在法律有特别规定的情况下,以已经发生的损害结果为价值判断标准,与该损害结果有因果关系的行为人,不问其有无过错,都要承担侵权赔偿责任的归责原则。

1. 无过错责任原则的特征

无过错责任原则的特征体现在三个方面:(1)法律对其对象予以了特别规定,这有利于与过错责任原则的适用范围相区别;(2)适用于无过错责任原则的案件,侵权责任由加害行为、损害以及两者之间的因果关系构成;(3)适用无过错责任原则,在构成要件方面,不需要考虑侵权人的过错。

2.无过错责任原则的适用范围

依据《侵权责任法》的规定和司法实践,适用无过错责任原则的范围是:(1)产品责任,《侵权责任法》第 41~43 条规定,缺陷产品致人损害的侵权责任适用无过错责任原则。这种侵权行为类型从产生之时起就适用无过错责任原则。(2)环境污染责任,《侵权责任法》第八章规定的是环境污染责任,实行无过错责任原则。(3)高度危险责任,《侵权责任法》第九章规定从事高度危险作业包括高度危险活动和高度危险物,造成他人损害的侵权责任,适用无过错责任原则。(4)饲养动物损害责任,《侵权责任法》第十章规定的饲养动物损害责任,实行无过错责任原则,只有第 81 条规定的动物园动物损害责任实行过错推定原则。(5)工伤事故责任,工伤事故责任都实行无过错责任原则,只有《侵权责任法》第 35 条后段规定的个人劳务的工伤事故责任实行过错责任原则,不适用无过错责任原则。

第三节 侵权行为的构成要件

侵权行为的构成要件是指承担侵权责任的各种作为必要条件的因素。侵权行为构成要件的理论在侵权责任法学中具有相当重要的地位,是研究任何一个一般侵权行为的指南和纲领。构成要件是对立法和司法实践的高度概括,也是对归责原则的系统阐述。确定侵权人任何一个具体的行为是否构成侵权行为,是否需要承担侵权责任,都需要利用构成要件的理论。本节将从加害行为、损害、因果关系、过错方面对侵权行为的构成要件展开论述。

一、加害行为

(一)加害行为的含义特征分析

加害行为,也称侵害行为或者狭义的"侵权行为",《侵权责任法》第 6 条使用的"侵害"、第 7 条使用的"损害"等术语即为立法对加害行为的表述,它是指侵权人一方实施的加害于被侵权人民事权益的不法行为。加害行为具有以下三方面的特征。

第一,加害行为是侵权责任人或者被监护人、雇员等实施的行为。加害行为可以是侵权责任人自己实施的侵权行为,也可以是侵权责任人依法为他人的加害行为承担责任。后者通常是指监护人对被监护人给第三人造成的损害承担责任,雇主对雇员在执行雇用事务过程中给第三人造成的损害承担责任,以及国家机关对其工作人员违法执行职务造成的损害承担责任。但在《侵权责任法》第 6 条和第 7 条中的"侵害"或"损害",应仅理解为侵权人自己所实施的行为。

第二,加害行为在本质上具有不法性。在侵权责任法领域,不法性被理解为加害行为(或准侵权行为)违反了有关法律的规定,与国家的法律秩序尤其是市民社会的法律秩序相冲突,这种冲突直接表现为对他人受到保护的民事权利或利益之侵害。加害行为所违反之"法",应当作最广义的理解,它不仅包括民事法律,也包括宪法、刑事法律、行政法律和其他任何实体法律,只要任何一个法律包含有确认与保护他人民事权益的内容或者包含有行为人义务的内容,侵权人的行为违反了这样的法律,该法律就是我们所说的加害行为违法性的"法"。侵害任何一种绝对权利的行为、违反以保护他人为目的的法律的加害行为、故意违反善良风俗的加害行为,都是具有广义违法性的行为。排污行为可能符合行政法规、规章等设定的标准,在行政法上难以认定其违法性,但是,其污染环境会导致人的生命健康权受到侵害,这就与法律保护的人的生命健全权相悖,因而具有侵权责任法上的违法性。

第三,加害行为所侵害的是被侵权人的民事权益。加害行为所作用的对象是被侵权人的民事权益,这些民事权益是《侵权责任法》所保护的权利和利益。《侵权责任法》中被加害行为侵害的权利包括:人身权、物权、知识产权和其他无形财产权利;婚姻家庭方面的权利有时也可能成为侵权案件中加害行为所侵害的客体;债权只有在极其特别的条件下才成为加害行为侵害的客体,这是由债权的相对性所决定的,单纯违约一般不构成侵权。某些人身和财产方面的利益也可能成为侵权案件中加害行为所侵害的客体,主要包括受到法律保护的精神利益和财产利益。

(二)加害行为的分类

加害行为作为侵权行为的构成要件之一,分为自己的加害行为与准侵权行为、直接加害行为与间接加害行为、积极加害行为与消极加害行为三类。

1. 自己的加害行为与准侵权行为

自己的加害行为是指侵权人自己实施的侵害他人民事权益的行为。在这一领域,法律一般强调行为人自己责任和过错责任。

准侵权行为包括三种情形:(1)他人的加害行为。他人的加害行为是指承担责任的主体之外的有侵权责任能力的人所实施的侵害被侵权人受到《侵权责任法》保护的权利或利益的行为。作为行为实施者的"他人"具有侵权责任能力。典型的为他人的加害行为承担责任是雇主责任的情形。(2)他人的加害举动。他人的加害举动是指承担责任的主体之外的无侵权责任能力的人所实施的侵害被侵权人受到《侵权责任法》保护的权利或利益的举动。因为实施该举动的人不具备侵权责任能力,如未成年人,因此严格地说不能称之为"行为"而称之为"举动"。监护人责任即是为他人的加害举动承担责任。(3)动物和物件致人损害。动物和物件致人损害是指承担责任的主体所保有的动物或者物件侵害了被侵权人受到《侵权责任法》保护的权利或利益。例如,动物致人损害、建筑物和工作物等致人损害、危险物品致人损害、产品致人损害等情形。对于责任人而言,准侵权行为是一种间接行为,责任人为他人的行为或举动承担替代责任,是侵权法"自己责任"原则的例外。

2. 直接加害行为与间接加害行为

侵权人的加害行为直接作用于被侵权人的人身或者财产等受到法律保护的权益,为直接加害行为;侵权人通过他人或者其他介质作用于被侵权人的人身或者财产等受到法律保护的权益,为间接加害行为。如教唆无行为能力人对他人实施加害,诱使他人违约导致第三人遭受财产损失等。

3. 积极加害行为与消极加害行为

实施积极的作为行为导致他人损害的为积极加害行为;消极不履行法定的作为义务,导致被侵权人损害的,为消极加害行为。绝大多数侵权责任的构成都需要有侵权人一方的积极作为行为,只有在法律、行政法规等有规定要求当事人承担积极作为义务的情况下,该当事人不履行积极的作为义务才构成消极加害行为。这样的积极作为义务一般是法律法规、行政法规和规章等明确规定的,在特定条件下法官也可以依据"普通法"确认存在某种作为义务。违反安全保障义务即属于典型的消极加害行为。有关消极不作为情况下应承担侵权责任的,需要有法律做出明确规定。

二、损害

(一)损害的概述

损害也称为损害后果,是指被侵权人因他人的加害行为或者

第八章 侵权责任研究

物的内在危险之实现而遭受的人身或财产方面的不利后果。这种"不利性"表现为：财产的减少、利益的丧失、名誉的毁损、精神痛苦或疼痛、生命丧失（死亡）、身体损害（如残疾）、健康损害、自由损害、知识产权的损害，等等。

作为《侵权责任法》上的损害后果，应当具有以下特征：(1)损害是侵害合法民事权益所产生的对被侵权人人身或者财产不利的后果；(2)这种损害后果在法律上具有救济的必要与救济的可能；(3)损害后果应当具有客观真实性和确定性。

(二)损害的分类

依据我国《侵权责任法》的规定，我们将损害分为财产损失、精神损害、人身损害。

1. 财产损失

财产损失是指被侵权人因其财产或人身受到侵害而造成的经济损失。财产损失是可以用金钱的具体数额加以计算的物质财富的损失。财产损失必须是实际的损失，想象的、虚构的、不能证明的或不能以具体金钱数额计算的均不构成财产损失。但是这种实际损失不以侵权行为完成时出现的财产损失为限，已有财产权益的损失和可得财产权益的损失，均为实际损失。这种实际损失的出现也不以侵害财产权益为限，侵害财产权益诚然会出现财产损失，在有些情况下，侵害他人的人身权益也可能出现间接或附带的财产损失，此等财产损失也属于实际的财产损失。一般而言，侵害任何民事权益，都可能出现直接或者间接的财产损失。被侵权人对财产损失负有举证责任，应当证明存在财产损失、财产损失的种类、范围、额数并对计算标准做出说明。

2. 人身损害

人身损害是指侵害被侵权人的生命、健康、身体等人身权导致的损害后果。侵害被侵权人生命权，导致的损害后果是被侵权人死亡。侵害被侵权人健康权,导致的损害后果是被侵权人健康水平下降和疾病产生等。侵害被侵权人身体权,导致的损害后果是被侵权人肢体、器官等的完好性被破坏、功能丧失或者降低,甚至残疾、丧失劳动能力。人身损害本身是无法用金钱进行计算的,《侵权责任法》也无法对单纯的死亡或伤害等损害后果本身进行赔偿。但在侵权行为造成人身损害的同时,通常伴随着相应的财产损失和精神损害,法律是通过规定赔偿相关财产损失和精神损害的方式对被侵权人一方予以救济。

3. 精神损害

精神损害是非财产损害的主要情形。通常在侵害人身权或者侵害特定的人格关系或者精神利益所指向的对象(如死者的名誉、隐私、遗体、遗骨、坟墓等)或者具有特定感情意义的物(如具有特殊意义的纪念物品)等案件中可能发生精神损害。一般说来,单纯侵害物权性质的财产权益或者纯粹经济利益、知识产权的财产权益部分,并不导致被侵权人的精神损害,即使被侵权人提出这样的主张法院也不宜支持。此外,由于法人和其他组织不具有自然人的思想情感,它们不可能出现类似于自然人精神损害的痛苦、疼痛等,因此不得请求法院判令被告承担精神损害赔偿。

精神损害的认定一般应当以法律法规或者最高人民法院的司法解释有规定者为限,这也是许多国家通行的做法。对于新型案件中出现需要认定精神损害的情况,应当报请最高人民法院做出新的司法解释。在精神损害的认定以及赔偿数额方面法官确实具有较大的自由裁量权,但是其行使也必须符合一定的规则。

三、因果关系

因果关系是一种引起与被引起的关系。行为人自己的加害行为、他人(如被监护人、雇员等)的加害行为或者物之内在危险的实现(如建筑物倒塌)是损害发生的原因,被侵权人遭受的损失则是前者的结果。

(一)因果关系的检验方法

在具体的案件中,可以通过如下四个方面的检验来判断是否存在因果关系,以便排除各种无关的或相关的非原因因素,找到具体案件中引起损害结果的真正的实际原因。

1. 分清违法行为与损害事实的时间顺序

在原因和结果之间,必然存在时间上的顺序性。作为原因的违法行为一定在前,损害结果必定在后。因此,只有先于结果出现的现象,才可能成为违法行为的原因;于结果后出现的现象,均应被排除在原因的认定范围之外。

2. 作为原因的侵权行为和损害结果要具有客观性

作为原因的现象与损害结果应当是一种客观存在。也就是说,只有外化的侵权人的具体行为产生了客观的损害结果,才能构成侵权行为的因果关系。侵权人的内在心理状态或被侵权人的主观猜测、估计等均不可认定为产生因果关系。

3. 必要条件的检验

作为原因的现象应当是作为结果的现象的必要条件。其检验方法主要有三种:(1)反证检验法。反证检验法就是提出一个反问句:要是没有甲现象,乙现象是否会出现。如果回答是肯定的,则甲现象不是乙现象发生的原因;如果回答是否定的,则甲现象可能为乙现象发生的原因,但是不能排除其他相关原因的存在。(2)剔除检验法。顾名思义,剔除检验法主要就是对列出的各种可能存在的原因现象予以逐一剔除,然后观察结果现象是不是会发生。假使某一现象已被排除,但是结果现象却依旧发生了,那么我们就认定被剔除的现象不是原因。(3)代替检验法。代替检验法指的是在思维模式上将其加害行为由一合法行为所取代。假使加害行为被取代后,损害后果仍然发生,则认为不是原因;相反,假使加害行为被取代后,损害后果没有发生,则认为就是原因。

4. 实质要素的补充检验

实质要素的补充检验的基本含义是如果加害行为实际上足以引起损害结果的发生,那么它就是引起损害结果的原因。这种检验方法是对必要条件检验方法的一种补充。但在有些情形下,仅仅适用必要条件理论会有一定的难度。例如,在聚合因果关系的情形中,同时有两个原因导致发生了损害结果,若按照必要条件理论,并不能确定唯一的原因现象,即导致结果现象的必要条件。因此,其行为非结果之原因的抗辩,就会使所有行为人免责。这时为了避免这种不合理状况的发生就需要用实质要素的补充检验来予以修正。不过,在具体案例的适用中,我们通常总是先适用必要条件的三种检验方法,只有在必要时才适用实质要素的检验方法来进行补充。

(二)因果关系的形态

在侵权案件中的因果关系存在多种不同形态,但总结来说有四种:(1)一因一果。这是侵权案件中最常见的一种因果联系形态,其主要的特点是原因和结果都以单数来计,原因为行为人的单个加害行为,结果为被侵权人单纯的损害后果。(2)一因多果。一因多果与一因一果最大的区别在于结果的复数性上,同一个原因现象造成的结果现象至少是两个或大于两个。举个例子来说,如汽车司机某甲违章超车而撞上正在正常行驶的另一汽车,同时撞伤该车里的几位乘客,这就属于一因多果情形,因此,甲某应该对多个损害后果承担相应的责任。(3)多因一果。与一因多果相比,多因一果更为强调原因的复数,原因为多个行为人的多个加害行为,结果为被侵权人单一的损害后果。设某甲误伤某乙随即将某乙送进医院治疗,但医院丙疏于医护导致伤口感染化脓并造成某乙严重后遗症。在此,某甲的行为与某丙的行为均为原因,共同导致了某乙的损害后果。(4)多因多果。顾名思义,多因多果是指原因为复数,结果也为复数,即原因为多个行为人的多个加害行为,结果为被侵权人的多项损害后果或多个被侵权人的损害后果。

无论是在一因多果的情形还是在多因多果的情形,都应当将各种结果分别计算清楚。但在具体处理时亦应当将其视为案件的一个整体,而不是将其中任何一项结果孤立对待。我们称"多因一果"和"多因多果"两种情形为"多因现象"。还需要指出的是,共同侵权案件虽然有数个侵权人参与了加害行为,但是其各自的行为并不具有独立的价值,而只是构成具有关联性的统一行为的一个部分,正是这一具有关联性的统一行为导致了损害结果的发生。因此,共同侵权案件不属于多因现象的情况。

(三)因果关系的证明与推定

由于因果关系的复杂性,在许多情况下,对因果关系的证明就变成决定责任成立的关键。一般情况下,因果关系是否存在,由受害人承担证明责任。但是,在有些情况下,法律也会要求由行为人来证明因果关系的不存在。如果不能证明,则推定因果关系的存在。《民事诉讼证据的若干规定》第4条第1款第3项规定,因环境污染引起的损害赔偿诉讼,由加害人就其行为与损害结果之间不存在因果关系承担举证责任;第7项规定,因共同危险行为致人损害的侵权诉讼,由实施危险行为的人就其行为与损害结果之间不存在因果关系承担举证责任;第8项规定,因医疗行为引起的侵权诉讼,由医疗机构就医疗行为与损害结果之间不存在因果关系承担举证责任。

在因果关系推定的场合,行为人比受害人更有条件、需要更低成本就可能证明因果关系。因此,法律才将证明责任倒置。《民事诉讼证据规定》第4条规定了8种情形。《侵权责任法》第66条规定了环境污染责任中因果关系举证责任的倒置。当然,证明责任倒置后,行为人也可能无法证明因果关系的不存在,此时,行为人就要承担不利后果。这也是法律政策的体现。

四、过错

过错是一种可归责的事由,它是一种不正当或者不良的心理反应过程,它主要通过一定的行为体现出来。通过行为我们可判定行为人是否有过错,过错是什么类型的,过错的大小。当过错外化为违法行为时便具有了法律的意义。

(一)过错的形式

1. 故意

"故意"一词在民法中被大量使用,但其并没有明确的定义规定,只有刑法对故意犯罪做了相关的规定。因此,一般认为民法中的故意同刑法中的故意,是指侵权人预见到损害后果会发生并希望或放任该结果发生的心理状态。

侵权人之所以要为其故意承担相应的责任,主要是因为他具有明显的不正当性或不良性的心理状态,表现为直接追求或者间接放任他人的合法权益受到损害。如果放任这种心理状态的存在,不由具有这样心理状态的侵权人来承担相应的民事责任,必然会从根本上对民事秩序造成一定的损害,使多数人的合法权益无从得到保障。

故意的心理状态之所以具有可归责性,还在于侵权人对于损害的发生具有完全的控制力和主动权。在对损害结果具有主动性和控制力的情况下还故意放任损害行为的发生,理所应当要为自己的损害行为承担相应的民事责任。有些案件需要我们通过行为人的侵权行为予以认定行为人的故意,但是也有些特殊情况除外,一些极端性的侵权案件中(如持刀连续伤害多人),事件本身就足以说明行为人的故意心理状况,因而无须就其过错进行举证。

2.过失

过失是过错的一种常见形态,因而在民法中也没有具体的规定。依据刑法对过失的相关规定,它主要指行为人应当预见自己的行为可能发生侵害他人权益的结果,但却因为疏忽或懈怠而没有预见,或是已经预见但是轻信此种后果可以避免。它与故意不同,故意表现为侵权人对于损害后果的追求、放任心态,而过失则表现为侵权人不希望、不追求、不放任损害结果发生的心态。

过失的可归责性也在于这种心理状态的不正当性或者不良性。一个人生活在法治社会,一方面享有广泛的权利和行为自由,另一方面又必须履行自己的义务、尊重他人的权利和自由。在侵权责任法领域,侵权人的行为就本质而言是处于侵权人自己的控制之下的,损害结果是可以因为侵权人的适当注意而避免的。正是由于侵权人在主观上的疏忽或者轻信,放任了自己的行为而导致损害结果的发生。所以侵权人应当对于自己的过失承担相应的责任。

过失在侵权责任法中按照程度的不同划分为三种,即重大过失、一般过失和轻微过失。重大过失表现为行为人的极端疏忽或极端轻信的心理状况,疏于特别注意的义务往往属于重大过失,如动物饲养人员明知自己的宠物具有一定的攻击性却疏于看管,致他人死亡的。一般过失是指行为人在通常情况下的过失,这种过失并未达到重大过失的程度。轻微过失是指较小的过失,如因迷路偶然误入他人土地,这一情况就可以看作是轻微过失。对不同的过失程度进行一定的区分,有利于实践中对损害后果承担责任的判定。

(二)过错的判断标准

当事人存在过错与否,判断的基本标准是其是否达到了应当达到的注意程度。如果他达到了应当达到的注意程度就没有过错,反之则有过错。"应当达到的注意程度",或者是法律法规、操作规程等所明确要求的,或者是作为一个诚信善意之人的行为所要求的。此外,在判断侵权人的过错时,也会适当考虑其自身情况。判断是否有过错主要应当考虑行为人是否达到了法律法规、操作规章等的要求以及一个诚信善意之人在当时当地条件下所做出的合理反应,只是适当考虑行为人自身的情况。

1. "诚信善意之人"对当事人注意程度的要求

在多数情况下,人们对于他人的民事权益之保护仅仅负有一般的注意义务。此时,"诚信善意之人"的客观标准就发挥重要作用。"诚实善意之人",也称为"诚信之人""善良家父""善良管理人""理性人"等。"诚信善意之人"不是一个具有崇高觉悟的社会先进分子,也不是受过特别高级教育的知识分子或者掌握特别技能的技术人员;他也不是道德水平低下、缺乏一般教育、没有任何谋生技能的人;他代表了其所处的社会的一般道德水平、一般教育程度等"一般性"的特征。

这个"诚信善意之人"在遇到一定的涉及他人权益的情况时,在主观心理上会达到一定的注意程度,在客观上会按照自己的已有的注意程度指导自己的行为。我们用"诚信善意之人"的注意程度作为判断侵权人有无过错的标准,具体做法是:将一个"诚信善意之人"在当时当地及其他同样条件下所达到的注意程度与侵权人的注意程度相比较。"诚信善意之人"的注意程度,就是法律对于一般的人所要求的注意程度。如果侵权人的注意程度达到或者超过了"诚信善意之人"的注意程度,也就达到或超过了一般的注意程度,在法律就上不认为侵权人存在过错;反之,如果侵权人未能达到"诚信善意之人"的注意程度,也就没有达到一般的注意程度,在法律上就认为侵权人存在过错。

一个"诚信善意之人"的注意程度的标准在理论上往往是抽象的,只有将其运用于具体的案例,才可能得到较为具体的理解。比如,一个人开车行驶在街道上,见到道路的不远处有一物体,很可能是有人躺在街道上(如病人、醉汉)或者是他人车上失落的物品。这时,可能出现至少三种不同的心理状况:(1)想到停车,给予他人或者失落物品之人以尽可能的帮助;(2)想到减速缓行、绕过前面的物体;(3)毫不心动,甚至想开车轧压过去,或者想停车趁火打劫。第一种心理状况,属于具有高尚道德水平的人所具有的,应当提倡但是难以作为一般的标准要求全体社会成员;第三种心理状态,属于落后的社会成员所具有的,也不可能将其作为标准来要求其他社会成员。只有第二种心理状态符合多数社会成员的道德水平,可以用以要求全体社会成员一体达到这样的标准。这就是一个"诚信善意之人"的注意程度的标准。

2. 法律法规和操作规程等要求的特别注意程度的要求

有些法律专门规定了在特定情况下特定的当事人的特别注意程度,如医生对于患者的健康的注意程度、律师对于当事人的诉讼权利的注意程度、运送乘客的运输公司对于客人的生命健康安全的注意程度等,都有专门的法律规定,都比一般的注意程度高得多。

负有特别注意义务的当事人,不仅要达到一般的注意程度,而且还要达到特别的注意程度。只有在心理上达到了法律、法规、操作规程等规定的特别注意程度,才不具备"可归责的"心理状态,进而不承担民事责任。这里的"法律",应当作广义解释,不仅包括民事法律,也包括其他法律;不仅包括全国人民代表大会及其常务委员会颁布的法律,也包括行政法规、地方法规和行政规章等。

3. 关于当事人的自身情况

当事人的自身情况,是指当事人的年龄、智力、知识、经历、经验等方面的情况。这些情况对于当事人而言,虽然是"主观因素",但也是一种客观存在。在判断当事人有无过错时,是否应当考虑其自身的因素,应当结合案情具体分析:(1)对于负有特别注意义务的人而言,无须考虑其自身的因素,因为负有特别义务的人首先就是法律对其职业有特殊要求的人,如医生、律师等,法律均规定了任职的条件和资格。如果具备了相应的条件和资格,就必须能够胜任有关的特别注意的要求。(2)我国民事法律原则上不考虑当事人的"主观因素"对于判断其有无过错或是否尽到一般注意的影响。但是,由于我们注意到了"诚信善意之人"在具体的案件中可能的附加因素和条件,实质上也就从另外一面考虑到了侵权人的自身情况。所不同的是,我们采取的是通过修改或者完善标准(即较为灵活地确定"诚信善意之人"的注意程度)的方法来实现个案的实质公平正义。

第四节 侵权责任方式与侵权责任的承担

侵权责任方式的确定,有利于一些在归责过程中产生的争议问题的解决,同时也更有利于侵权行为产生的侵权责任的更好承担。本节介绍了8种侵权责任方式以及一些侵权责任的承担和免责事由。

一、侵权责任方式

《侵权责任法》第15条规定,承担侵权责任的方式主要有停止侵害、排除妨碍、消除危险、返还财产、恢复原状、赔偿损失、赔礼道歉、消除影响、恢复名誉。以上承担侵权责任的方式,可以单独适用,也可以合并适用。

(一)停止侵害

侵害他人民事权益的,被侵权人有权请求侵权人停止侵害。停止侵害针对的是正在进行和继续进行的侵害行为,对于已经终止和尚未实施的加害行为则不适用。停止侵害的民事责任方式可以单独适用,也可以与其他民事责任方式合并适用。如果加害行为尚未造成任何实际损害后果,人民法院依被侵权人的请求可以单独适用停止侵害的民事责任方式;如果加害行为已经造成被侵权人的财产损失或人身损害、精神损害,依被侵权人的请求,人民法院可以将停止侵害的民事责任方式与赔偿损失的民事责任方式合并适用。

(二)消除危险

消除危险是指依人身或财产受到现实威胁的当事人之请求,法院判令造成此等威胁或对此等威胁负有排除义务的人消除危险状况,保障请求权人人身、财产安全的民事责任方式。侵权人的加害行为或其行为造成的某种后果或其保有(所有或以其他方式对物件具有直接支配力)的物件构成对他人人身或者财产的现实威胁,为侵权责任法上的"危险"。

多数侵权责任之构成以造成被侵权人实际损害为要件,但是法律规定某人受到人身或财产之现实威胁者,也可以请求消除危险。因此,消除危险的民事责任方式具有预防损害发生的积极功能。我国《民法通则》将消除危险规定为侵权的民事责任方式之一。一般来说,消除危险的民事责任方式之适用,不以侵权人一方有过错为要件。

(三)排除妨碍

排除妨碍指的是依被侵权人请求,人民法院判令侵权人以一定的积极行为除去妨害,使被侵权人得以正常行使合法权益的民事责任方式。排除妨碍通常适用于侵害所有权或者他物权的情况,也适用于侵害知识产权的情况。例如,堆放物品影响通行,建筑施工占有他人所有或者合法使用的土地、违章建筑妨碍相邻一方通风采光、堵塞历史上已经自然形成的通道等,均可能构成对他人权利之妨害,在相关案件中人民法院可以适用排除妨碍的民事责任方式。

法律和司法解释未对排除妨碍如何在案件的不同阶段适用

的问题做明确规定。与停止侵害一样,排除妨碍的民事责任方式可以在诉讼前、诉讼进行中适用,也可以在最后的裁判文书中适用。此外,排除妨碍的民事责任方式依具体情况可以与其他民事责任方式,尤其是赔偿损失的民事责任方式,合并适用。一般来说,排除妨碍的民事责任方式之适用,不以侵权人一方有过错为要件。

(四)返还财产

返还财产是指人民法院依被侵权人的请求,判令非法侵占他人财产的侵权人将侵占的财产返还给权利人的一种民事责任方式。作为侵权民事责任方式的返还财产与物权请求权存在竞合的情况。

返还财产的民事责任方式,其适用的前提是被侵占的财产尚存在并具有返还的价值。如果被侵占的财产已经不存在或者返还不具有经济上的合理性,则不适用返还财产的民事责任方式,而代之以损害赔偿等民事责任方式。

返还财产,适用于侵占他人财产的侵权责任,而不适用于合法占有。在侵占他人财产的侵权人承担返还财产民事责任的案件中,尽管通过返还财产使被侵权人的损害得以减少,但是如果加害行为对非法占有的他人财产造成一定损害,财产的价值因此而贬损的,侵权人除了应当返还财产外,还应按该财产的实际价值贬损程度承担相应的赔偿责任。计算财产损失的时间标准应当为法院确定损害赔偿数额的时间。适用返还财产的民事责任方式,必须返还财产及财产之孳息。

(五)恢复原状

恢复原状是指法院依被侵权人的请求,判令毁损他人财产的侵权人或其他侵权人一方通过修理(包括自行修理或委托他人修理)等手段使受到损坏的他人财产恢复到受损坏前状况的一种民事责任方式。

恢复原状的民事责任方式,适用于财产受到损害的情况。其适用需要符合以下条件:(1)恢复原状有事实上之可能;(2)恢复原状有价值上之必要,即被侵权人认为恢复原状是必要的而且具有经济上的合理性。如果侵占的财产已经不存在或者进行修复已经没有经济上的合理性,则不应适用恢复原状的民事责任方式。

(六)消除影响、恢复名誉

消除影响、恢复名誉,是指依被侵权人请求,法院责令侵权人在一定范围内采取适当方式消除对被侵权人名誉的不利影响以使其名誉得到恢复的一种侵权的民事责任方式。

消除影响、恢复名誉主要适用于人格权受到侵害的情况,尤其适用于侵害自然人名誉权、姓名权、肖像权、人身自由的情况。消除影响、恢复名誉的民事责任方式一般不适用于侵害隐私权的情况。因为消除影响、恢复名誉应当是公开进行的,而这种公开消除影响和恢复名誉又可能进一步披露被侵权人的隐私,造成进一步的损害。但是被侵权人要求公开消除影响、恢复名誉的则不受此限制。此外,侵害法人和其他组织名誉、商誉、诽谤其财产和服务及侵害其他权益的,也可适用消除影响、恢复名誉的民事责任方式。

消除影响、恢复名誉的内容可以采取书面或口头的形式事先经人民法院审查。《民法总则》和《侵权责任法》之所以会将消除影响和恢复名誉放在一项中规定,是因为在侵害名誉权的场合,消除影响可以作为恢复名誉的方法。但是,根据二者所针对的侵权行为的不同,其不必然总是同时适用。例如,收藏者甲藏有名画,乙在收藏者圈子里造谣说该画是他丢失的,因此甲要出卖该画时,可能找不到买主;歪曲某药厂制造的某型号药品质量的错误报道等,这些事例都可能给权利人造成不良影响,但可能并没有贬损被侵权人的名誉,对此应当适用消除影响责任,而不适用恢复名誉责任。

相关司法规定,败诉的一方当事人拒绝向被侵权人赔礼道歉或拒绝采用适当方式为被侵权人消除影响、恢复名誉的,人民法院可以采用公告、快报等方式将判决书的主要内容和有关情况公布于众,以达到消除影响、恢复名誉的实际效果,相关费用由败诉方(被执行人)承担。

(七)赔礼道歉

赔礼道歉是指侵权人通过向被侵权人承认侵权,表示歉意,以取得其谅解的一种民事责任方式。它的主要目的不是制裁,而是教育和预防,它对于尊重人格、抚慰被侵权人的精神伤害,增强侵权人的道德意识,化解矛盾,具有其他责任方式不可替代的作用。

赔礼道歉作为一种很严肃的责任方式,它主要适用于故意侵害人格权益的行为。赔礼道歉的强制方式有特殊性,主要是在报刊等媒体上刊登经法院认可的致歉声明或者判决书,其费用由侵权人承担,这种方式实质是国家审判机关对侵权人的谴责。赔礼道歉责任的承担可以分为自动承担、请求承担和强制承担三种方式,不一定必须通过诉讼程序强制承担。

(八)损害赔偿

损害赔偿是指侵权人一方通过支付一定数额金钱承担对被侵权人的损害予以救济的责任方式。损害赔偿是最主要的侵权责任方式,尽管《侵权责任法》没有直接规定损害赔偿为优先适用的侵权责任方式,但是多个条文对其适用做出了较详细的规定,相反对其他责任方式的适用则规定得比较简略。在司法实践中,损害赔偿也是最常用的侵权责任方式。侵权责任法领域的损害赔偿应当遵循以下原则:(1)对被侵权人遭受的直接财产损失,采用完全赔偿原则,侵权人或者对损害负有赔偿义务的人负有完全赔偿责任。全部赔偿被侵权人的直接财产损害,是《侵权责任法》最主要的社会功能——补偿性的基本要求。(2)对被侵权人遭受的间接财产损失,采用合理赔偿原则,有两个限制:一是对间接财产损失的赔偿应以合理为限,即间接损失必须是合理的,而不是无限扩大的间接损失;二是对间接财产损失的赔偿以法律法规有规定者为限,如果法律法规没有做出规定,被侵权人不能请求间接损失的赔偿。(3)对人身损害、精神损害进行金钱赔偿也应当以法律法规有规定者为限,其中,对于人身损害尤其是死亡赔偿与伤残赔偿,采用法定主义的赔偿原则;对于精神损害赔偿,采用法定项目与法官酌定数额(自由裁量)相结合的原则。此外,需要指出的是,我国《侵权责任法》第47条规定了特定情形下产品责任中的惩罚性的赔偿,从而使得在法律明确规定的极少数特殊情况下,赔偿数额可能高于实际损失。

二、侵权责任的承担

(一)财产损害赔偿

财产损害赔偿,是指以支付金钱的方式救济被侵权人的财产损失。侵害被侵权人的财产权益、人身权益均可能导致财产上的损失,《侵权责任法》规定对此以金钱赔偿予以填补。

财产损害赔偿分侵害财产权益的损害赔偿和侵害人身权益造成财产损失的赔偿。侵害财产权益的损害赔偿:《侵权责任法》第19条规定,侵害他人财产权益造成被侵权人财产损害的,应予以赔偿。赔偿的原则是:对已有财产造成的损害,应全部赔偿;对可得财产利益造成的损害,应合理赔偿。赔偿的计算标准包括:(1)市场价格;(2)其他标准。被侵害的财产有市场价格的,应按市场价格计算赔偿金;没有市场价格的,应以其他标准计算,如该财产的形成成本、增值和减值情况以及适当的文化、道德因素考量。侵害人身权益造成财产损失的赔偿:依据《侵权责任法》第20条规定,侵害他人人身权益造成财产损失的,侵权人也应赔偿。这里人身权益指姓名、肖像、私誉、隐私、人身自由等方面的权益,不包括生命权、健康权。关于赔偿的数额,法律规定了三种计算标准:(1)被侵权人的实际损失;(2)侵权人的获利情况;(3)在前两个标准都不能计算出赔偿数额时,由法官根据案件的具体情况确定赔偿数额。

(二)人身损害赔偿

侵权行为造成他人人身损害的,行为人应当承担人身损害赔偿责任。

人身损害赔偿的确定比起财产损害赔偿来说更加复杂,根据受害人所遭受人身损害的程度,人身损害赔偿可分为三种情况:(1)受害人遭受人身损害,但没有致残或者死亡。《侵权责任法》第16条前段规定,侵害他人造成人身损害的,应当赔偿医疗费、护理费、交通费等为治疗和康复支出的合理费用,以及因误工减少的收入。(2)受害人遭受人身损害致残的。《侵权责任法》第16条中段规定,侵害他人造成残疾的,还应当赔偿残疾生活辅助费和残疾赔偿金。(3)受害人遭受人身损害死亡的。《侵权责任法》第16条后段规定,侵害他人造成死亡的,还应当赔偿丧葬费和死亡赔偿金。关于死亡赔偿金的确定,《侵权责任法》第17条规定,因同一侵权行为造成多人死亡的,可以以相同数额确定死亡赔偿金。

(三)精神损害赔偿

《侵权责任法》第22条规定,侵害他人人身权益,造成他人严重精神损害的,被侵权人可以请求精神损害赔偿。精神损害赔偿是以金钱赔偿方式救济被侵权人精神损害的一种侵权民事责任方式。精神损害赔偿的民事责任方式有两个方面的功能:(1)补偿或救济功能,对精神受到损害的人给予金钱赔偿和补偿的法律救济是十分必要的,被侵权人可以使用所获得的赔偿或补偿金钱,进行一些有利于身心健康的活动,如旅游、休闲、娱乐等,从中得到乐趣,达到消除或者减轻精神痛苦的目的。(2)一定的惩罚性功能,侵权人做出此等赔偿,本质上不是对被侵权人实际经济损失的填补,因而对侵权人来说具有惩罚性。

我国《侵权责任法》规定了精神损害赔偿的适用条件:(1)仅适用于被侵权人人身权益遭受侵害的案件,包括侵害生命权、健康权、姓名权、名誉权、荣誉权、肖像权、隐私权、婚姻自主权、监护权等人身权益的案件;(2)精神损害后果达到"严重"程度。

最高人民法院在多次司法解释中对确定精神损害赔偿数额的考虑因素做出了规定。这些考虑因素包括:(1)侵权人的过错程度,法律另有规定的除外;(2)侵害的手段、场合、行为方式等具体情节;(3)侵权行为所造成的后果;(4)侵权人的获利情况;(5)侵权人承担责任的经济能力;(6)受诉法院所在地平均生活水平。此外,法律对精神损害赔偿数额有明确规定的,适用其规定。

(四)侵权责任的免责事由

侵权责任的免责事由又称抗辩事由,指的是免除或者减轻侵权责任的条件。侵权责任的免责事由分为正当理由和外来原因两大类。正当理由又称一般免责事由,包括依法执行公务、正当防卫、紧急避险、受害人的同意、自主行为。外来原因又称特别免责事由,包括不可抗力、意外事件、受害人过错、第三人过错。

本章小结

本章主要论述的是侵权责任的研究,包括四个方面:侵权行为与侵权责任、侵权行为的归责、侵权行为的构成要件、侵权责任方式与侵权责任的承担。在侵权行为与侵权责任中主要介绍了二者的概念与特征。侵权行为的归责从其概念和原则着手,进一步论述了我国的归责原则体系构成:过错责任原则、过错推定原则、无过错责任原则。侵权行为的构成要件包括加害行为、损害、因果关系、过错。侵权责任方式与侵权责任的承担中分别针对 8 种侵权责任方式进行了阐述，责任承担中对财产损害赔偿、人身损害赔偿、精神损害赔偿以及债权责任的免责事由做了具体分析。

参考文献

[1]梁慧星.民法总论[M].北京:法律出版社,2017.

[2]张民安.民法总论[M].广州:中山大学出版社,2017.

[3]陈华彬.民法总则[M].北京:中国政法大学出版社,2017.

[4]王利明.民法总则[M].北京:中国人民大学出版社,2017.

[5]魏振瀛.民法[M].北京:北京大学出版社,高等教育出版社,2017.

[6]刘锐,黄福宁,席志国.民法总则八讲[M].北京:人民出版社,2017.

[7]孙宏臣.民法总则精解[M].北京:人民出版社,2017.

[8]江平.物权法教程[M].北京:中国政法大学出版社,2017.

[9]柳经纬.债法总论[M].北京:北京师范大学出版社,2017.

[10]刘金霞,温慧卿.新编民法原理与实务[M].北京:北京理工大学出版社,2017.

[11]王利明,朱虎,王叶刚.中华人民共和国民法总则详解（上）[M].北京:中国法制出版社,2017.

[12]王利明,朱虎,王叶刚.中华人民共和国民法总则详解（下）[M].北京:中国法制出版社,2017.

[13]郑云瑞.民法总论[M].北京:北京大学出版社,2017.

[14]法规应用研究中心.民法规则总梳理[M].北京:中国法

制出版社,2017.

[15]韩松.民法总论[M].北京:法律出版社,2017.

[16]梁慧星.梁慧星谈民法[M].北京:人民法院出版社,2017.

[17]葛伟军.民法一本通[M].北京:法律出版社,2017.

[18]丁亮.民法总论案例教程[M].哈尔滨:东北林业大学出版社,2017.

[19]戴孟勇.民法原理与实例研究[M].北京:中国政法大学出版社,2017.

[20]尹田.物权法[M].北京:北京大学出版社,2017.

[21]戴永盛.物权法问题论释[M].北京:中国政法大学出版社,2017.

[22]崔建远.物权法[M].北京:中国人民大学出版社,2017.

[23]丁海俊.债权法教程[M].北京:对外经济贸易大学出版社,2017.

[24]林琳,腾笛.合同法若干基本问题研究[M].北京:中国铁道出版社,2017.

[25]李超.侵权责任法中的受害人同意研究[M].北京:中国政法大学出版社,2017.

[26]李先波.合同法专论[M].湘潭:湘潭大学出版社,2016.

[27]孙妍妍.合同法[M].天津:南开大学出版社,2016.

[28]李永军.债权法[M].北京:北京大学出版社,2016.

[29]席志国.中国物权法论[M].北京:中国政法大学出版社,2016.

[30]薛夷风.物权法的理论与实务[M].厦门:厦门大学出版社,2016.

[31]李建伟.民法[M].北京:北京大学出版社,2016.

[32]周汉德.民法[M].武汉:华中科技大学出版社,2015.

[33]吴汉东,陈小君.民法学[M].北京:法律出版社,2014.

[34]王利明,杨立新,等.民法学[M].北京:法律出版

社,2014.

[35]申卫星.民法学[M].北京:北京大学出版社,2013.

[36]郑玉敏.民法学[M].北京:清华大学出版社,北京交通大学出版社,2012.

[37]赵秀梅.民法学[M].北京:法律出版社,2012.

[38]胡雪梅.关于《民法总则》的修改意见——以助益我国未来《民法典》之完善为视角[J].法治研究,2017(4).

[39]刘杨杨.论遗嘱继承的法律适用[J].法治与社会,2017(1).

[40]付安娜.论无人继承遗产处理程序在中国的构建[J].法制博览,2017(8).

[41]樊志军,刘耀东.法定继承若干问题研究[J].人民论坛,2016(2).

[42]王腊梅.互联网金融与商业银行的共生融合[J].学术探索,2016(12).

[43]刘扬.浅析意思自治原则[J].企业导报,2013(10).